《罕吉朝聖之路-不是所有人都看得見的魔法之地》

——邱賢慈

獻給我的爸爸、媽媽、摯友和旅途中的貴人們；
也獻給那些始終懷抱著夢想或需要力量的你。

感謝

我要特別感謝在出版前協助我審稿的家人和朋友：

月池、邱芸悅、邱秀月、邱慧音、林嘉琪、白綺婷、黃勻薔、羅濟榕、郭沛君

還有協助我有關封面設計和美術的邱芸悅、陳昱君。

最後全力協助我完成本書的合作夥伴：

編輯：黃勻薔

美術設計：陳昱君

謝謝你們讓這本書可以順利出版！

也因爲在出版這本書的過程裡有你們的相伴，讓它更附有這具意義的回憶與參與。

目錄

寫在之前——朝聖之路朝聖什麼？

爲了完成這本書，我花了七年的青春歲月，當時在旅途上寫的日記也成了最重要的工具，再加上片刻與細節的記憶拼湊。書中所有事件都是眞實的，但爲了故事的流暢性，在順序上有些微調整；考量隱私性，地方與人名皆有保留或替換。

然後，朝聖之路到底是朝聖什麼呢？

我稱朝聖之路爲「魔法之路」，因爲當初在朝聖之路寫下的願望竟然神奇地幾乎都實現了！

十九歲時我買了一本書，書裡面講訴的是一位南韓女孩獨自到世界各地旅行，再到西班牙朝聖之路的故事，燃起了我對朝聖之路的好奇。書裡提到一部電影《The Way》（中譯：朝聖之路），我看了三次，最後一次卻因爲主角在朝聖途中的心境變化，讓我打從心底感動到哭出來，看完的當下我就告訴自己：

「我也要去走這條路！」

就這麼簡單，我直接訂了下個月起飛的機票到巴黎，準備展開二十歲給自己的成年禮——徒步電影裡主角走的那條法國之路！

對電影主角來說，他走上朝聖之路是爲了完成兒子的遺願——親自徒步整條朝聖之路，因爲他兒子走到半途中不幸喪命了——而對我來說，會踏上朝聖之路就是一個去遠方流浪的美麗夢想，正因那部電影完全打動了我的內心渴望，喚醒我了徒步旅行的憧憬，還有挑戰自我極限的渴望。因爲從前的我，對那些可以獨自背著巨大登山包的人，抱著極度崇拜與敬佩的眼光，也根本不相信自己可以辦到。

一直到上路後才發現，原來沿路朝聖的是自己的靈魂與勇氣，還有那個不輕易低頭和放棄的自己。

朝聖之路，讓我發現了許多無法解釋的魔法，所以我又稱它爲魔法之路。很多人可能覺得不可置信，但我竟然完成之前辦不到的事，就連寫下的願望也幾乎通通實現了，還有我最喜歡的一部分，就是在路上遇見的那些美好的人們。他們，也讓我相信魔法。此外，最重要的是我慢慢學會如何眞實傾聽身體的聲音，與自己對話，我覺得這也是踏上朝聖之路最重要的一個原因，也是爲何足以讓這麼多人都選擇獨自上路。

這是我的朝聖之路，當然，除了那些可以實際到達的教堂、修道院、沿路景色外，路上大多數朝聖者眞正朝聖的目的地，其實是內心的世界，就看你最終看到的是什麼樣的世界。

而這本書呈現的，是我路途中看見的全部。

FRANCE
BAY OF BISCAY
SJPP
Saint-Jean-Pied-de-Port
聖讓-皮耶德波爾
Pamplona
Burgos
SPAIN

我的朝聖路線圖 | Camino de Santiago 法國之路 ＋ 世界盡頭之路

01

第一章——下一站，朝聖之路

"O ever youthful, O ever weeping."

「在路上，
我們永遠年輕，
永遠熱淚盈眶。」——凱魯亞克《在路上》

1 家庭革命

二〇一三年至二〇一五年。

「有人知道小吉同學爲什麼只在課堂出席一次，就沒再出現過了嗎？」這是當時在大學時的某一堂課，老師發現我只在該堂課出現過一次，後面就消失了，於是問著台下的同學。

「老師，她去追尋自我了！」當時跟我最親近的室友小儀舉手回答著。老師無言以對後就沒再追問下去了。

接著場景轉換到我的家鄉——雲林。

「妳去啊！就當成我沒妳這個女兒！」爸爸對我說，脾氣和他一樣硬的我，就眞的辦休學離開學校了。

接著，是長達兩年的家庭革命，每次一回到家，不是跟爸爸講沒幾句就吵架，就是被媽媽罵。於是我選擇不回家，休學後的我開始在臺灣到處打工流浪，定期在臉書發布日誌，因爲我跟爸媽互爲臉書好友，一部分主要是寫給他們看的，想證明我已經可以獨力完成很多事，並不是去外面當「七逃囡仔」，而是透過旅行與體驗世界的方式探索自我，希望他們可以慢慢理解。我到處打工換宿、搭便車旅行、騎單車環島，並自己攝影製成明信片，沿路販賣，同時想像自己可以成爲作家三毛，靠著寫作的本事，浪跡天涯。把孤獨放到最大，把自我丟到毫不熟識的異地，沒有人認識我，沒有人會講中文，一切都是陌生的國度，那是多麼令人興奮又刺激的一件事！雖然如此，心裡還是有顆放不下的石頭，因爲還沒有得到家人的支持。

後來我在家鄉小餐館得到了一份工作機會，那是一個很特別的工作，也因此老闆成爲我的貴人，她欣賞我、鼓勵我，於是我從工讀生一路當到店長，存夠了旅費，那時是休學的第二年。

每當休假，我就會去圖書館蒐集、規劃冒險的相關資訊與書籍，有天我翻到了一本書，講述的是一位韓國女孩徒步西班牙朝聖之路的故事，據說那是世界最美的一條道路，全長至少有七百多公里，同時是唯四被列爲世界遺產的道路。被列爲世界遺產基本上都是建築物，很少有道路，但這是條綿延千年歷史的天主教徒朝聖路線，雖然說我不是天主教徒，但光其歷史與文化意涵就足以使我折服。書中還提到了一部電影《The Way》，當時並未在台上映。我在網路上找到片源，總共看了三次，看到第三次，不知爲何一股情緒湧上來，我忽然間哭了，「就是它了！我要去走這條路！」當天晚上，我就訂了機票，下個月起飛。

在此之前，我根本不相信可以背著比自己高的登山包，到遙遠的國度徒步旅行，更別說要走九百公里了。當時我最崇拜的對象就包含徒步旅行者，他們把所有家當塞在一個大大的登山包，橫跨好幾個國家，我覺得他們根本是神，我也有可能辦到嗎？我只剩一個月的時間準備與行前訓練。我決定從雲林背著登山包徒步到台中，結果沒想到還沒走到彰化時，肩膀就痠到想直接放棄了，「也許我應該學一下那些拖著菜籃徒步環島的旅人們。」這個突如其來的想法，讓我走進五金行買了個菜籃車，直接把登山包放上去拖行，最後還眞的順利抵達台中了。

所以我瘋狂地決定要帶著拖拉式行李出發，再加上一個小背包，至於要帶什麼東西上路呢？除了必備的護照之外，我在背包塞了：

一本初學者西班牙文學習書
一個證件包
一本日記本
一個鋼杯
一個電湯匙
一個睡袋
兩套排汗材質的換洗衣物
三雙五指襪（可防止摩擦生水泡）
兩副海綿式耳塞
一頂帽子

一件厚外套（西班牙早晚溫差大）
一台微單眼（最好不要，只會增加重量，如果可以用手機拍就好）
一個零錢包
一個鉛筆盒
一個保溫杯（或水壺）
一包急救包（OK 蹦、針線、綠油精、酒精、生理食鹽水）
一組環保筷組
一個樂扣保鮮盒
一雙新的登山鞋（請穿舊的，因爲新買的質地還太硬容易摩擦長水泡）
一雙媽媽給我的健走涼鞋
一支無法打電話且只有辦法連 Wi-Fi 才有網路的手機

距離出發的日子已經不多了，我趕緊學了幾句難記的西班牙文，去走這趟之前連聽都沒聽過的道路。當時也沒幾個臺灣人走過，所以找不到什麼中文資訊，不過我心想反正去就知道了！沒想到悲劇就在起點發生了……。

2 出發

一個月後。

二〇一五年，六月二號。

拖著一個行李箱，背著一個小背包的我，正式踏入桃園機場出境大廳，和前來送機的高中朋友道別。

「一定一定要報平安喔！」從朋友的眼神裡，可以感受到她的興奮、雀躍和無盡的祝福。

我開心地和她揮手道別，走向登機門，心情就像晴天的大海般，異常平靜。雖然這是第一次獨自搭飛機到海外，本以爲會在機場裡迷路，但進到機場後發現一點也不困難，到處也都有機場人員可以問路，就怕把他們問倒。

這趟航程將會在上海轉機，再飛往巴黎。在候機室等候的這段時間，我與一位身穿polo衫，趴在Wi-Fi區桿子上滑手機的亞洲男子攀談。來自中國大陸的他，已經在巴黎學紅酒四年了，聽他這樣講，我的眼睛可是發亮了呢！結果沒想到他卻說了一句：「我眞的覺得在法國學紅酒這件事，眞的不是什麼值得提的事，而且老實說，有時候我覺得自己的人生眞是有夠衰。我反而好羨慕妳呢！我從來就沒聽說過朝聖之路，希望我有生之年也能去走一趟！」接著他告訴我，之所以會去法國學紅酒，是爲了迎合家中長輩的期待，家裡是紅酒供應商，希望他可以更深度了解紅酒，進而繼承家業，於是才送他去法國學紅酒。從他用著那黯淡無光的表情，形容在法國學紅酒這件事，我彷佛能感同身受。

結束對話後，我們開始排隊準備登機，這時才湧現大量人群，夾雜著好多西方面孔，想必其中很多法國人吧！進到機艙後，那位中國朋友坐在離我不遠處的位置，而坐在我旁邊的則是一個法國家庭，雖然我還不會說法文，但可以清楚分辨法文的聲調和口音。航程中我幾乎都在睡覺，經過十一個小時後終於降落巴黎。我原本平靜的心，就在飛機靠近歐洲大陸時，像大浪來臨般波濤洶湧，將心中所有的夢想泡泡都捲到巴黎來了。下機後，「哇！全部都是法文呀……」這機場比想像中還寬敞，大量人口在這裡移動，我以爲像這種國際大機場一定會有英文指標，沒想到這裡顯示的語言只有法文，而我全部都看不懂。

「我帶妳一起出關吧！」看我一定無法自己走出機場，中國朋友好心地帶著我出關。

「謝謝你呀！要不是你帶路，我看我可能得花雙倍的時間出關了！」

「別客氣，那我就先往這裡離開了，祝妳旅途愉快，路上小心喔！」

「你也是！再見！」與中國朋友道別後，沒想到，眞正的挑戰才正要開始。

這趟去巴黎市區的旅程可是比我想像中還要困難十倍！我以爲在出發前練習了無數次的買票流程與對話，已經可以輕鬆應付一切了。

入境後，眼前是一排公車站，找不到要搭往市區的351號公車，於是我去問其中一位公車司機，他卻告訴我要去櫃台買票，甚至說現在沒有351號這班公車……什麼…？

「請給我一張往市區的351號公車票。」這是我在飛機上練習了非常多次的句子，希望對方聽得懂。不過從這位櫃台小姐的表情看來，她似乎沒有聽懂，我甚至秀給她看我抄寫的法文句子，結果她還是給了我地鐵票，沒想到練習法文跟會說法文是兩碼子事……。雖然說如果坐地鐵，我就看不到巴黎的天空和街景了，不過，我還是看見了不同的風景。因爲上了地鐵後，有人主動過來問我要去哪裡，我以爲他們是地鐵站工作人員，後來發現他們也是乘客，不只幫我確認我要抵達的目的地，還幫我確認有沒有坐錯車，眞讓人受寵若驚。來到巴黎之前，我在書上、網路上看到非常多有關巴黎的負面評價，講的盡是這裡的人心冷漠與高傲，隨時還要提防扒手就在你身旁！不過我現在遇到的卻都是天使，我想這就是目前看到巴黎最美的風景吧！

今天前往的目的地是南法小鎮巴約納（Bayoone），下午兩點半從蒙帕納斯（Montparnasse）火車站出發，我一早六點半就到機場了，但光找那351公車就花了我近兩個小時的時間，所以十點左右才抵達巴黎市區。我眞沒想到這裡沒有半個人會說英文！看來我日後得好好學一下法文了，因爲除了把公車票買成地鐵票之外，好不容易到市區了，結果不知道地鐵站出口在哪裡，因爲我一直在找「Exit」（出口）這個字，殊不知出口在法文是「Sotir」，S開頭的！在地鐵裡面問人，沒有人知道我在說什麼，用畫的他們竟然也看不懂！最後我直接等另一批乘客下車，跟在他們後面才順利走出地鐵站。而這樣又花了我半小時的時間。我想手機應該先下載一個離線法文字典，才會一路暢行無阻，眞是敗給我的腦袋瓜了！

「Pardon，請問您知道 Montparnasse 火車站怎麼走嗎？」一出地鐵站，我繼續了問路之旅。

「抱歉我不太清楚，不過……妳確定要用走的嗎？我印象中很遠喔！」走出地鐵站後，我問了一位女士。

隨後就再問了幾名路人，都沒得到明確的答案，看來應該是我的法文有問題。不過幸好附近有 Wi-Fi 訊號，我趕緊利用那有網路的片刻，查出 Montparnasse 火車站的位置，沒想到走路十分鐘就可以到達了。

在往 Montparnasse 火車站的路上，我巧遇了一個美麗的地方，因爲還有點時間，於是我決定走進去逛逛。發現原來是墓園，不過非常吸引人，就像置身伊甸園，有種很靠近天堂的感覺，毫無墓園會有的陰森氣氛。每座墓碑都被放滿了鮮花或字條，甚至擺了似乎是粉絲和親朋好友送的小禮物，感覺每天都會特別整理過，我問了墓園裡一位會說英文的遊客，才知道原來裡面葬著許多有名的藝文人士或是壯烈殉職的軍官、消防員等。

道別了這個伊甸園，我的乘車時間也差不多快到了，於是我動身步行去火車站，準備搭乘直達南法 Bayoone 的快速列車 TGV，今晚也會先在 Bayoone 的沙發女主人[1]卡蜜兒家衝浪一晚，隔天再坐公車到朝聖之路的起點——聖讓皮耶德波（Saint Jean Pied De Port, SJPP）。

1　沙發衝浪（Couchsurfing）：旅人彼此間互惠的免費住宿平台。

Montparnasse車站眞是有夠氣派的，挑高的大廳設計，混和了維多利亞風和哥德風。車站內人來人往，我查看時刻表，卻一直沒看見我要搭乘的列車，緊張之時，我看見了一對亞洲人，看起來像是母女檔，兩人背著大型登山包，我心想她們一定也是朝聖者，我決定走過去和她們打招呼。

「哈囉！請問妳們也是要去走朝聖之路的嗎？」

「對呀！妳也是嗎？」她們露出大大的微笑，似乎很開心見到同路人。

「沒錯！妳們也要到Bayonne對嗎？」我問。

「對呀！不過我們也在看時刻表找月台，但聽說要在列車出發前二十分鐘才會秀出月台號碼。」

「原來，難怪我在這邊看半天也沒有看到我那班列車，謝謝妳們的資訊！」

「不客氣，你是來自哪裡呢？」

「我來自臺灣，妳們呢？」

「日本，我帶著我媽媽一起來走。」

「好棒呀！」我用很羨慕又崇拜的眼光看著她們，想著有天我也要帶爸爸媽媽來走。

日本母女倆搭的班次似乎比我早到，因爲她們的月台號碼已經顯示在時刻表上了。

「好開心認識妳，希望可以在路上遇到妳喔！我們就先過去月台了。Buen Camino!」[2]就這樣，我揮手道別這對可愛的日本母女檔，也許之後會在旅途上遇到她們也說不定。

---

2 Buen Camino!：爲朝聖之路上的招呼語，一路順風的意思。

我要搭乘的列車發車時間是 14:00，大概在 13:40 左右時，我終於看見了我的月台號碼秀出來了，實在好感謝自己至少在這方面還有做足功課，買到了非常便宜的早鳥票，當時在臺灣就已經先在線上訂好了，要搭乘時，直接走到月台上，給審票人員驗證完票劵後，就可以直接上車了。這車廂比我想像的還要寬敞舒適，車廂內整體色調以白色爲主，紫色爲輔。兩個座椅面對面排列，坐在我對面的是一位和藹可親的大叔，他抬頭給我一個友善的微笑，然後繼續看著報紙。而旁邊則是四人座位區，坐著一組可愛的法國家庭。

列車開始移動了，緩緩駛離巴黎，窗外的景色也開始變化，從城市街景漸漸地變成開闊的草原綠地，多麼和諧的畫面，我沉重的眼皮也開始慢慢地闔下，我用睡眠把路途中累積的疲勞一掃而空。

四小時後，列車抵達了 Bayonne。因爲接待我的卡蜜兒要晚點才會下班，所以我打算先自己在城裡晃晃。一出火車站我就開始漫無目的地走，Bayonne 眞是一個處處都是藝術品和驚喜的南法古老小鎮，街上有一些還未營業的店家，其中一家的櫥窗上還貼滿著看似是 Bayonne 早期的街景相片，可以想見這是一座充滿歷史與風味的古老城市，這正是我喜歡的。接著我意外撞見了一家二手書店，裡面就像古老的寶藏盒，帶我去挖掘寶物，雖然幾乎都是法文書（眞希望我懂），但這種古書的香味，襯著微微黃光的照映，讓我忍不住拿起我的微單眼，拍下這瞬間，成了我永恆的記憶。

道別了二手書店後，我決定在卡蜜兒下班前先找個當地店家，隨口抓個道地美食來吃。於是我來到了一間同時販賣肉、起司和三明治麵包的店家，老闆娘看起來是一位和善的媽媽，我指著櫥櫃裡那看起來像潛艇堡的食物，「Oui! Si vous plait. Merci!」我就只會這幾句法文，意思是「是的！請，謝謝！」幸好她聽得懂，和她互相微笑道別後，我帶著這潛艇堡到附近學校園區的椅子享用，看著這似乎已經下課的空曠校園，「喔我的天啊！」真沒想到這看起來簡簡單單的夾心麵包，竟然這樣出奇美味！裡面夾了小黃瓜、番茄、起司、火腿（Bayonne 產火腿）還有一些可能是老闆娘自己做的酸黃瓜醬，我決定之後如果再回來這個城市，一定要再來吃。

滿足這美好的口腹之慾後，我起身往卡蜜兒家的方向走，剛好就見她開了車回來了，

「Hello 小吉！不好意思我最近剛好在搬家，東西比較多。」她的車子裡面塞滿了大大小小的物品。

「我和妳一起扛吧！」

「沒事的。我只有要扛這個上去，不重，我們先上去吧！我家在這棟樓上。」眼前是一棟藍白色調的老公寓，就這樣第一次來到了南法當地人的家。

卡蜜兒是一位很獨立的女性，因爲她是這個小鎮裡少數幾位沙發主人之一，又剛好這裡是前往朝聖之路起點前的中繼站，所以接待過了不少朝聖者，尤其是來自東方的旅客。當天晚上她準備了非常道地的南法晚餐：生菜沙拉、果醬、起司與麵包，晚餐時間也是我們彼此交流的時光，我一邊聽著她分享著之前接待沙發客的經驗，一邊品嘗著這難得的南法時光，也一邊欣賞著卡蜜兒，她是一位這麼獨立的女性，擁有自己的工作、漂亮的租屋處，然後做著自己喜歡的事情。

雖然知道明天一早我就要正式啓程到朝聖之路的起點了，但那天晚上，我卻睡得非常安穩。在一大清早離開前，卡蜜兒塞了些餅乾和糧食在我的包包，讓我可以在路上吃。

「Auvoire! Merci Beaucoup!」我對她說出了法文的再見和謝謝。

「Bon voyage!」她對我說旅途愉快！

和卡蜜兒道別後，我動身前往公車站準備搭到正式的徒步起點 Saint Jean Pied De Port，它是位在庇里牛斯山下的一座小鎮。眞正的冒險才正要開始呢！

3 起點

二〇一五年，六月三號。

一個人旅行，很容易認識新朋友，而來走這段朝聖之路的，大部分都是一個人。整部公車上，幾乎超過一半的乘客，都是要前往朝聖之路的旅人們，大家都背著比自身還高的登山包，唯獨我，帶的竟然是拖拉式的背包，顯然不會有人覺得我是要去走朝聖之路的吧……。一下公車，自然而然地就與幾位年紀相仿的朝聖者攀談起來，一位南美洲的男孩和一位韓國女孩，還有一位帶著烏克麗麗旅行的加拿大女孩，他們也都是剛抵達這裡。

「妳帶著烏克麗麗旅行嗎？」我問加拿大女孩，因爲我在臺灣流浪的時候，有段時間也帶著烏克麗麗旅行，她讓我覺得好有親切感。

「是呀！不過我還不會彈，哈哈！」

「我之前也是呀！帶著邊玩邊練習！」

「對啊！一邊旅行一邊玩！」我好喜歡這位加拿大女孩，但可惜的是她有時間限制，必須很早就要出發。我很珍惜我們一起聊天的那個片刻，因為之後不一定會再見到。

「妳真的要帶著這個拖拉式行李走嗎？」南美洲男孩問我。

「對呀！」

「可是我真的覺得這樣不太可行，我建議妳還是要去買個登山包比較好！」南美洲男孩打從一開始就被我的拖拉式行李嚇到了，然後開始說服我換成登山包。

「謝謝你的建議，我會參考一下的！」非常固執的我，其實內心還是執著地要用拖拉的方式。

韓國女孩則是沒有意見，因為她也是第一次來走，對於一切都還不熟悉。

短暫片刻的小交流後，我們道別，前往各自的庇護所。然後我邊走邊思考了南美洲男孩的建議，因為到目前為止，我在路上遇見的每個人，沒有一個是帶著拖拉式行李。

我稱今天住的庇護所為公雞庇護所，因為它的招牌是一隻公雞的圖案。雖然說，一開始庇護所女主人讓人覺得挺毛骨悚然的，因為打從一入住，她就會隨時隨地出現在你身邊，然後用非常犀利的眼神盯著你的一舉一動，彷彿無時無刻不在監視著你。老實說，我真的懷疑住進了女巫婆的糖果屋。

不過，幸好她還有一點「熱心」，看到我準備拉著那個拖拉式背包走上朝聖之路，對著我搖搖頭，覺得我似乎頭殼燒壞掉了地說：「妳知道接下來的路都是石子路、泥巴路嗎?幾乎沒有平路耶……」主要是出發前，我對這條路可所謂一無所知，就真的只有看電影留存下的印象，但就連電影裡的所有人都是背著登山包走的。

所以當天，練習拖著這行李走了一下明天要走的路，然後我便投降了，這路果眞像公雞庇護所的女主人所說的，通通都是石子路、泥巴路，還有暫時看不到的各種路，總之不要妄想是柏油平路就對了！我看了看我那拖拉式行李的四顆小輪子，心想這些輪子眞能承受的了嗎？於是，我確實對拉著行李箱步行朝聖之路投降了……。而且除了很多石子路外，第一天的路線就會橫跨庇里牛斯山——三十幾公里的超陡上坡，加上將近九十度下坡的路程。我直接走到旁邊的朝聖者商店——這座城市，沿途你都會看到販售各式各樣登山用品、朝聖用具和紀念品的商店，各有特色，都很可愛！店員也都親切有禮——去買了一個五十公升的登山包，花了五十四歐元（我發現其實沒有很貴），然後再花了七十歐元的運費把行李箱和感覺用不到的東西直接寄往聖地牙哥，因爲是要背在身上的，所更要減輕重量，只能帶必要的，絕對不能帶想要的！沒想到這已經遠遠超出了我一天的預算，看來我還沒出發就已經要破產了！

4 夥伴

二〇一五年，六月四號。

搞定了行李的事，我開始在這座美麗到令人屏息的小鎮亂晃。街上到處可見背著大背包的朝聖者們，大多都是跟我一樣今天抵達，明天一早就出發的。但，我今天一下公車就馬上被這座美麗小鎮迷住了，街坊上有各式風格的可愛小店、咖啡廳、餐廳還有朝聖者用品店。離開城中心，還有中古世紀留下的重要城門，可以走上去欣賞整座小鎮風景與周圍山景。於是我不打算明天就出發，決定在這邊待個兩晚。也因爲這個選擇，我遇見了這趟旅程中最重要的夥伴們。

我來到城裡唯一一座教堂，教堂裡靜悄悄的，有個顯眼的高個兒男孩戴著棒球帽，正坐在教堂裡禱告，眼前這畫面衝擊太大，我的眼光無法離開。他竟然帶著小熊維尼卡通裡的那隻小豬，放在椅子上拍照！後來誰知道，就在當天這位來自德國高個兒男孩，成了我旅途上最重要的夥伴之一。而他之所以會拍那隻小豬，是爲了要傳給女朋友看的。讓她知道他去過哪些地方，那隻小豬就代表他的女朋友。原來德國人竟然還有這麼浪漫的一面，眞讓我大開眼界。接著，我離開了教堂，繼續在城裡晃，當天是星期四，很幸運地遇到了一週一次的農夫市集。我跑去和一些農夫聊天，他們會講一點英文，也讓我在這市集留下快樂的片刻，瞭解了一些他們的生活哲學與故事。

後來我回到教堂旁的橋，看見了一位獨自坐在橋上的女生，不知道爲什麼，有個聲音告訴我必須走過去跟她打招呼。她來自夏威夷（其實是美國人，後來移居夏威夷），她叫做唐達，是一位單親媽媽，她告訴我這是她第一次獨自出遠門旅行，這個夢想已經埋藏在她心裡很久很久了。當飛機降落巴黎時，她瞬間哭了起來，因爲她完成了二十歲時的夢想。原來我們都是追夢者。我們聊得特別暢快，我說我已經逛完了整座城鎮，還發現了一座美麗的廢墟城堡，那裡有個平台可以眺望整座城鎮。

「我們一起去那裡看夕陽吧！」我帶著唐達去那座廢墟城堡。

「好啊！那我們明天也一起走 Camino！」唐達對我說。

當我們走到這座廢墟城堡時，看見了一位似乎來自亞洲的男生，站在草地上眺望遠方看日落，還有一位看起來和我年紀差不多的金髮女生，則是坐在另一邊看日落，不過他們好像彼此不認識。我和唐達走過去和他們打招呼，就這樣聊起來了，女生來自義大利，跟我一樣二十出頭第一次獨自到國外旅行，也準備走完全程的 Camino。男生跟我一樣來自臺灣，叫做可瑞哥。他旅居歐洲有些日子了，身爲一名領隊，他已經跑遍了許多地方，歷練頗豐富。就這樣原本都互不認識的四個人，瞬間一拍即合。

「咱們明天一起走 Camino 吧！」

「好啊！天啊我真的好高興！在遇到你們之前我超緊張，覺得一切都好陌生，因爲我其實是很害羞的人。」來自義大利的芙拉靦腆地笑著說。

就這樣我們四個人一起走到當晚要住的庇護所，因爲可瑞哥和芙拉剛好也都還沒尋找庇護所，很多庇護所似乎都客滿了。而我昨天住的那家公雞庇護所每人只能住一天，再加上女主人像巫婆一樣監視人，所以我們不會去住那。唐達說她要帶我們去一間可能有空位的庇護所，而且也不貴，就在申辦朝聖護照的辦公室旁。我們抵達時，「哇……開始排隊了！趕快趕快！」但裡面的主人對著我們這些排在後面的人喊：「不用擔心，還有許多位子喔！」我們聽了放心多了。慢慢地，隊伍越排越長，這時，那位教堂裡的帽子高個兒男也出現在隊伍裡了。就這樣，當天卸下行李後，大夥聚在飯廳裡，原來帽子高個兒男叫做馬丁，年紀和我和芙拉一樣，我們根本是幼齒[3]軍團！

最後，就像桃園三結義一樣，我們是五結義，約定好接下來的旅程，準備好一起共患難。

不過，就在當天傍晚，出現了插曲，團隊又加入了兩位新夥伴，來自美國的鮑伯和歐卡，是唐達在Camino相關網站認識的，因爲鮑勃走過Camino三次了，他說會當我們的嚮導。

「明天，四點起床，整裝出發！」就這樣，七個來自不同國家的聯合國團隊，等待黎明前的到來。

3 幼齒：台語，稚嫩的意思。

5 翻越庇里牛斯山

二〇一五年，六月五號。

清晨四點，我們互相叫彼此起床，吃過簡單的早餐，大夥戴頭燈的戴頭燈，有手電筒的用手電筒，在星星還掛在高空時上路了。傳說，耶穌十二門徒之一的聖雅各，就是沿著銀河的平行方向走到聖地牙哥大教堂的。

我沒有買導覽手冊，因爲出於喜歡驚喜和刺激的本性，還可以節省背包的重量。我很享受像這樣流浪式的旅行，嬉皮式的灑脫，是我從十七歲就開始極度想要追求的。也因爲這樣，我在昨天才知道我們要翻過一座山，就是庇里牛斯山，所以在昨天傍晚的時候，唐達他們建議我一定要帶登山杖，還陪著我去買一組適合我的，說除非要在路上撿比較粗的樹枝當登山杖，但是不一定撿的到適合的。

況且，今天要走三十多公里的山路，一望無際的瘋狂上坡和下坡，感覺已經延伸到天國還有地心去了！很慶幸的是，這一路有這群夥伴互相嬉鬧和打氣，感覺都快忘記自己在爬山了（才怪）。然後我在這一路才發現，原來可瑞哥是多麼有趣的一位大哥哥，我們一路瘋狂講著臺灣國語，他說他眞是太懷念這些語言了！可瑞哥因爲當歐洲領隊的關係，長期在歐洲大陸奔走，而且又熱愛旅行，同時會講流利的英、西、日、德文，此外還會一點義文和法文，他也有非常自由的靈魂，我就喜歡這種人！還有，我從來沒想過，他卽將在 Camino 的路途中，成爲我的心靈導師。

我們開始了無限的上坡酷刑，但橘黃色的晨光閃亮亮地折射在山谷裡，美到令人窒息，讓大夥都忘記在爬山了！中途休息時，有個男孩經過跟我們打了招呼，他的眼睛竟然是藍色的，這是我第一次看見藍眼睛的人，他看起來大概只有十幾歲吧！我和可瑞哥開始猜他是哪一國人，猜來猜去推定是德國人，是說也不知道會不會再遇到他。接著，經過了幾個小時的跋涉，好不容易登頂了，我們在山頂上歇了好一陣子，從這裡可以遠眺，而且好多綿羊、馬、牛在山上到處跑，我好喜歡這樣的世界，人和動物這麼親近，沒有被冰冷冷的建築物相隔著。我們一夥人在草地上躺著，彼此分享著食物，接著就準備要下山了，還有半程的路要趕呢！聽說下坡難度更高，而且是無上限的下坡！

下坡的路線有好多條，要跟著大夥走或是注意看黃色箭頭才不會迷路。就在這時，我看見了那個藍眼睛男孩走往另一條不是 Camino 的路。

「哈囉！你走錯路了，是這條才對喔！」我朝著那個男孩喊，手指比著我這條路的前方。

「咦？眞的嗎？妳確定？」這男孩防備心眞強，他好像不怎麼相信我說的話。不過還是帶著疑惑跟著我的方向走，但我又可以感覺到他不是那麼好親近的人，他就默默跟在我後面。

「你來自哪裡呢？」我問他。

「德國，妳呢？」我們小聊了一下，原來十九歲的他也是第一次獨自出國，話題結束後我們道別，然後他以驚人的速度消失在我眼前了，後來才知道這是他正常的速度，而且他甚至沒拿登山杖！走這路對他來說好像在玩扮家家酒。不過，沒想到這個男孩會成爲我們旅途上重要的夥伴。

6 惡作劇

二〇一五年，六月五號。

當天，抵達終點時，我覺得自己的身體已經和靈魂分開了，走任何一步路，都像腳底踩著無數根針！好不容易進到庇護所，想要洗個溫暖的熱水澡，再大吃一頓然後睡個大覺，可是淋浴間排著長長的隊伍，我差點就投降，卻還是得排！突然，我的夥伴帶來了新消息，馬上把我的靈魂叫回來了！

「唐達叫我們把行李打包好，一起搬去住旁邊的城堡旅館！鮑伯邀請我們入住！」芙拉跑過來開心地大喊。

「可……可是我們已經申請入住這間庇護所了耶！」我、可瑞哥、馬丁，真是驚訝到說不出話來。

「別管了啦！我們現在直接過去的話洗澡也不用排隊了！快去收拾行李吧，我們現在就走！」

就這樣，我們一群人以最快的速度把行李打包好，由唐達帶領我們走來這讓人受寵若驚的城堡旅館，鮑伯已經在裡面等著我們。從幾百人排隊入住、全開放式的上下鋪庇護所，轉換到了富麗堂皇的高級城堡旅館，這樣的情節轉換簡直像電影情節般戲劇化。我們進到房間裡時，只見鮑伯已經準備好紅酒在等我們，他說：「今天晚上，我們來開紅酒趴吧！來慶祝一下這翻山越嶺成功的一天！」就在我們舉酒乾杯時，只見鮑伯摟著唐達的腰，然後吻了起來，我和我的夥伴們在旁邊看得目瞪口呆，哇賽！這劇情也進展太快了！原來這一切都在鮑伯的計畫內呀！後來我們得知，鮑伯原本只邀請唐達入住，可是唐達不想，她想跟我們一起住在庇護所，最後就變成鮑伯直接邀請我們所有人入住，看樣子我們這群小子在他眼中，可能已經變成拖油瓶加上電燈泡！

紅酒趴結束後，當大人們回到他們的雙人房後，我們也回到了我們各自的房間，開始探索這間旅館。這時，我們開始聊起今天遇到的那個藍眼男孩，大家一致覺得我們應該讓他加入，希望可以由我去主動和他打招呼，因爲只有我和他接觸過，大家你看我我看你的，「呃……好吧。」我傻呼呼地接受這項提議了。原本對這德國小子敬而遠之，沒想到卻變成大家請我去讓他加入我們，主要是夥伴裡沒有人敢過去跟他說話！

這時，馬丁說要教我非常好用的簡單德文招呼語，如果接下來，真的再遇到那位走得特別快，然後一下子就消失的藍眼男孩的話，說不定他就成爲我們的新夥伴了。不過依他行走的速度，我想遇到的機率太低了！

“So, nice to meet you in German is ‘Ich bin ein sexy einhorn.’ and what’s your name is ‘Wie heißt du?’”（所以呢，很高興認識你的德文就叫做「我是一隻性感的獨角獸。」你叫什麼名字的德文就叫

做「你叫什麼名字?」）馬丁非常認眞地重複教我這句話，並幫助我記憶。明天一早，在路上他也會幫我練習。沒想到我就這樣相信了這些句子的意思，沒有半點懷疑，甚至覺得眞有趣阿!原來sexy在德文竟然跟打招呼有關！殊不知英文跟德文可是大有關係![4]原本想說，就只是單純地學語言，練習跟新夥伴打招呼，結果好戲要上演了，因爲我被這討厭鬼夥伴給耍了!

4 英語與德語的關係：兩者皆屬於印歐語系，如再細分的話兩者皆屬日耳曼語系。

7小班的加入

二〇一五年，六月六號。

今天，馬丁一路陪我練習，不久後我們就來到了一台餐車旁休息，沒想到藍眼男孩在這時也跟著出現了。我的夥伴們趕快把大家聚集起來，然後施給我勇氣與力量，跑去跟他講這句話，作爲開啓友誼的一扇門。雖然和他接觸過，而且現在還只是用德文跟他打招呼，卻還是很緊張，因爲他就不是很好親近的感覺。然後我屏住呼吸，抬頭挺胸假裝很自然地走過去他面前。

「Hallo, Ich bin ein sexy einhorn!（哈囉，我是一隻性感的獨角獸！）」

「……」空氣瞬間凝結，時空好像暫停一樣，沒有人出聲音。

然後他愣了幾秒後，露出又驚訝、又疑惑、又尷尬的笑容，似乎不知道要接下什麼話，我心想是不是我發音有問題。

接著我繼續說：「Ich bin Hanji, Wie heißt du?（我叫小吉，你呢？）」

「我叫小班。」然後我們互相笑了笑，他看起來實在尷尬又害羞，我趕快轉身走回我的夥伴身邊，因爲從他的表情看來，他似乎好像不知道該說什麼或接什麼話了。接著芙拉衝過來開心地抱著我說：

「I am so proud of you, Hanji!（小吉我好以妳爲榮！）」馬丁與可瑞哥則是用充滿敬佩的表情說，他們實在是非常非常佩服我的勇氣，但我還不知道那句話的眞正意思，更不知道小班爲何如此尷尬。

「I bet he wouldn't join us!（我猜他不會加入我們的！）」我說。

「But I think he likes us!（但我覺得他喜歡我們！）」可瑞哥說。

只見小班似乎往我們的方向看，接著我們就繼續啓程了。沒想到小班跟在我們後面，然後突然跑進了我們的團隊中，主動走過去跟馬丁講話了，因爲他知道他也來自德國，於是兩個就這樣聊了起來。然後，小班在當天正式成爲我們的一員了！

老實說今天我們走得不遠，但因爲可瑞哥已經長了幾顆水泡，這令他痛苦不堪，當天他決定必須處理他的水泡了。於是，吃完晚餐後，我們所有人聚到外面的長桌上，開始爲小班的加入，開了小小的啤酒趴，小班和馬丁還上演了德國年輕人最瘋狂的啤酒喝法！首先，打開啤酒鐵罐，接著將小刀交給另一位協助開罐的夥伴，然後罐底旁朝著嘴巴，嘴巴要張大，「三、二、一！」拿小刀的人瞬間從罐底旁劃一刀，啤酒就像瀑布傾瀉而下，不到幾秒，啤酒空瓶了！這就是德國年輕人聚在一起喝啤酒會做的事，雖然這對我來說有點像自殘遊戲，不過他們卻習以爲常，與之爲樂！瘋完之後，幫助可瑞哥處理水泡的時間到了，所有人聚在他的旁邊看他脫掉鞋子露出腳底，就在那瞬間，我們同時屏住呼吸，並同時發出作嘔的聲音，可瑞哥的水泡已經發黑，而且變成連體嬰了——就是兩顆小水泡合體長成一大顆水泡——而且還發黑瘀血！經過了唐達，還有當天在庇護所認識的一位剛好是護士的朝聖者協助，再加上一連串可瑞哥的哀號聲，終於把這恐怖的水泡弄破了，然後還得把皮縫起來，我已經不敢看了。可瑞哥當晚很傷心，因爲不知道明天能不能繼續走，雖然我們都建議他最好不要，應該好好休息一天，而我們大家也都知道，有些人有行程要趕，所以如果可瑞哥明天不走的話，就表示他得和我們離別了。除非他之後能夠再花兩倍腳程追上我們，不過依照他腳的狀況，這似乎不太可行。我們只能一起祈禱他的腳能在今晚奇蹟似地康復完好。

8 朝性之路

二〇一五年，六月七號。

今天一早，可瑞哥的腳已經沒那麼痛了，所以他決定要拚老命跟我們一同上路，畢竟在路上也可以互相照應。而今天我們預計會抵達西班牙每年舉行奔牛節的大城潘普洛納（Pamplona），不過這個節慶是在七月舉行，所以我們到這城市也沒有什麼特別的活動。但是，當天鮑伯又再次邀請我們入住高級旅館了，這次他訂了家庭房，包整層的！而且也要慶祝我們抵達第一個大城 Pamplona！我的天啊！我們一走進去還真是看傻了眼，連客廳廚房都有，如果我花了這筆錢入住，大概明天就得回臺灣不用玩了吧！看來鮑伯為了愛，手頭再寬厚都無所謂。雖然我們也搞不清楚那是愛嗎？只是在我們這群小夥子眼裡，這兩個人可以讓我們時時翻白眼。因為唐達一直說不喜歡鮑伯，可是竟然還可以和他接吻、跳舞通通來，還一起睡同一張床。當他們倆出去採購當晚的食材時，我們開始好奇地討論起來。

「你們覺得鮑伯是什麼原因來走 Camino 阿？」

「恩……他大概是為了朝『性』吧！我們走的是朝聖之路，他應該比較想走朝『性』之路！」

「也許他回去可以出一本書叫做《Camino de Sex》。」

「哈哈哈哈哈哈哈……！」我們全都笑到不支倒地。

後來我們又知道了一個祕密，那就是鮑伯竟然在某天還約了另一個女生去住雙人房，想也知道對方嚇都嚇跑了！

9 再上去一次，我就報警！

二〇一五年，六月七號。

我們開始探索這層旅館，不久我就發現了一個天大的祕密景點！於是我走來客廳，只見小班準備要抽菸，我馬上制止他「No，小班不能在室內抽菸！走，我帶你去一個地方。」

我帶他來到我和芙拉的房間窗口，這是整層樓中，唯一一間房間的窗口可以爬到屋頂上的。

「上去吧！在這裡可以眺望整座城喔！我去找他們過來！」於是我們一群人爬上屋頂，

小班告訴我：「這個屋頂實在是太棒了！」

「是吧！」

當時剛好是夕陽西下的時刻，「Oh~My~God!」夥伴們的驚嘆聲連連。於是我們就在這屋頂上玩鬧了一整晚，而且我也在屋頂上掀起臺灣的國旗拍照。接著，我們就進去屋裡面了，沒想到當天很晚的時候，鮑伯接到一通電話，他一掛完就問：

「你們是不是跑到屋頂上去了？」

我們一致點點頭，並露出疑惑的表情。

「打電話來的人警告我說，再爬上去屋頂他們就要報警了。」鮑伯對我們冷靜但又事不關己地說，似乎完全沒有被我們的行為驚嚇到，也許他現在心思無法被這些不重要的小事打擾。

而電話那端的他們指的應該就是旅館人員吧！我們幾個瞬間互相看著彼此，露出頑皮的笑容。

稍晚，我們各自回房間準備休息，沒有多餘心思去憂慮明天的到來，也不知道將面對旅程中最大的難題。今晚，我一樣好快就入眠了，有了這群夥伴在身邊，眞的是可以一覺安穩到天亮。

02

第二章——
納瓦拉——離別與重逢

"Fill your life with experiences, not thing.
Have stories to tell,not stuff to show."
-Unknown

「讓你的生命充滿故事與經歷，比物質耀更可貴。」——未知

1 離席的開始

二〇一五年，六月八號。

今天凌晨，鮑伯終於踏上獨自的旅程，而唐達想繼續跟著我們走，因此他跟唐達就此結束，後來的旅途上就再也沒有見到他了。之後，我們一起搬到一間叫做「German（德國人）」的庇護所入住，然後今晚大家都很早就睡了。

二〇一五年，六月九號。

今天一大清早，我們一同走到途中的一間藥局後，換芙拉正式和我們道別，開始了一個人的旅程。我們當天之所以會到藥局，是因爲小班身體開始反常，不斷嘔吐，全身上下不對勁，已經無法像之前「造嘎哪飛（臺語：走像飛似的）」了，好像是因爲誤喝了什麼水，壞了腸胃。在西班牙不像臺灣到處都有診所可以看病，在這裡藥局通常會兼顧看病的功能。醫生說，小班必須在這座城鎮休息一天，或是休息幾小時再走，但是不能走太遠。於是我和可瑞哥決定留下來陪小班，馬丁、唐達則是陪芙拉繼續上路，而這也是我最後一次見到芙拉了，我們緊緊地抱在一起，沒想到日子來得好快，她是我目前看過少數非常「鄰家女孩」的歐洲女生，很親切，個性也很隨和，這段路途上，我們雖然沒有手帕之交那麼深的情感，但我們就像姊妹互相扶持，一路走到這裡。

幾小時後，我們三個繼續出發直到抵達一座小鎮，我與小班決定留在這座完完全全讓我看到出神，如同《哈利波特》魔法小鎮的城鎮Obanos，可瑞哥則先出發去和馬丁、唐達會合。這座城鎮只有一間庇護所，是古老城堡改建的，不知道歷經幾百年的歲月了，一切都讓我看得無法回神，連這裡的朝聖者也意外地少，只有一、兩位在此駐足，異常安靜，大大不同於其他人滿爲患的庇護所，我和小班都非常喜歡這裡，一辦理入住後，我們就開始進行小鎮探險。這城鎮眞的安靜到像個死城。

「你不覺得這城鎮安靜得很詭異嗎？」我對著小班說。

「對啊！這些房子看起來都沒住人。」小班也露出疑惑的表情。

「路上也空蕩蕩的都沒什麼人，連貓跟狗都沒有。」我回答。眞的是越看越詭異，但卻又詭異到有一種荒廢之美。

我們一直走到把整座小鎮繞完，然後決定回去休息睡覺。這整間庇護所今天似乎就只有我和小班入住，半個朝聖者都看不到，簡直就是包棟入住，讓我百思不得其解的是，爲何這麼美麗的地方卻沒有人駐足？

隔天一早，小班告訴我說這是他睡過最安穩、最美好的一晚，終於不用戴耳塞入睡，他的病也因此痊癒了，我眞爲他感到開心！於是我們打包好行李，準備上路去跟夥伴們會合，而今天，我們兩個打算小小偷懶一下，只走到下個小村莊，就在那搭公車到今日會合的小鎮 Estella。

走去小村莊的路上，一路都是一望無際的麥田，和路旁盛開的五顏六色小花，而太陽就高掛著，豔陽高照，我們一路開心地閒聊著。

「Hanji，答應我一件事好嗎？」

「什麼事？」

「我們今天搭公車的事不能跟任何人說喔！」

「爲什麼？」

「因爲全程走完 Camino 是我們家族的傳統，中途搭公車可是會被視爲最丟臉的事！」

「哈哈哈！原來是這樣，好吧，我答應你。不過你們家族怎麼會有這樣的傳統呀？」

「在我們家族裡，只要滿十八歲了，就要獨自一人走上朝聖之路，而且全程要用步行的，不能搭公車、搭便車或是騎腳踏車，表示你已經獨立成年的一種象徵吧！」

「也太好了吧！怎麼會有這種家庭傳統？我也好想要出生在你們家喔！這樣就不用家庭革命了！」我情緒激昂地告訴小班（這句話絕對不能讓老爸老媽聽到）。

他笑笑地說：「我也覺得這傳統好酷！」

就這樣，我們很快地抵達下個小村莊，接著搭公車去 Estella 小鎮與大夥會合了。

今天晚上，當大夥都聚集在一起後，我們決定煮一桌盛宴，慶祝這告一段落的旅途，因爲唐達宣布，她明天也即將踏上一個人的旅途了，這將是我們最後的晚餐，也是我們這個團隊最後一起煮的晚餐，有牛排、沙拉、湯、飯、不同的菜等等，異常的豐盛！

2 紅酒噴泉

二〇一五年，六月十一號。

今天一整天都在下雨，早上雨特別大。唐達說今天上路會經過一座葡萄莊園的紅酒噴泉，可讓人自由盛取，所以要非常早就起床，叫我們大家要互相照應。這是因為很多朝聖者也都在凌晨起床，她要在紅酒被裝到一滴不剩之前順利趕到！在大雨中，唐達走在最前頭，小班接在後頭，漸漸地，兩人的蹤影已經消失得無影無蹤了……，之後整條路上再也沒見到他們，我們都已經知道今天會是見到唐達的最後一面。不過，小班呢？我們在旅途中都是無法打電話或傳訊息的，因為要在有Wi-Fi的地方，才有辦法用社交軟體傳訊息，喔……不對！小班根本連手機都沒帶！於是大夥都在想，小班是不是要與我們不告而別？我們甚至連當天要抵達什麼地方都還沒有說好呢！

唐達給我的印象大部分是美好的，有時候如同媽媽的角色般照顧著我們，雖然因為鮑伯事件後，她的頻率開始與我們有點抽離。而我也開始慢慢意識到，我踏上的，是一段縮小版的人生列車，風景每天都一直在改變，包含身邊的人也是，不過，我是花了很久才開始學會消化這些劇烈的變化，尤其是接下來我沒有意識到要面對的事情。

3 歡樂三劍客

二〇一五年，六月十一號。

現在團隊裡就剩下我、可瑞哥和馬丁。沒想到，我們的歡樂程度就在此日爆發到無懈可擊的程度。在雨中自得其樂，一路像瘋子從頭笑到尾，遇到一群狗在吠，我們也可以跟著玩耍。

「Gracias! Gracias!（謝謝！謝謝！）」當那群狗在對著我們狂吠時，我們當成自己是大明星，將雙手張開成V字型，左右鞠躬道謝（因爲門是關起來的，他們不會衝出來！），我們想像那些狗就是我們的粉絲，並對著我們大叫狂歡著。然後我們邊走邊笑，笑到腰快斷了。接著我開始大聲唱起歌來，不知道是從哪聽來的西班牙歌，就隨口唱著，身旁一位德國媽媽經過，被我們感染了，也開心地對著我笑，接著我的朋友也加入唱歌的行列。

不久後，我們開始講起小班，因爲他又不見了！雖然夥伴們又氣又難過！但是我們還是幫小班取了個綽號，叫做起司蛋糕，因爲我們都愛起司蛋糕。小班和我已經建立起像兄妹一樣的情感，是我在Camino

可遇不可求的知己，無話不談，有什麼事都可以放心地告訴彼此，是團隊裡和我最要好的，但在接下來的旅程中，卻爆發出讓我都搞不懂他的事件。

4 吵架

二〇一五年，六月十一號。

我們到了一座叫 Los Arcos 小村莊的庇護所時，發現小班竟然也住在這裡，眞不知道是該高興還是生氣，可瑞哥是氣到不跟小班說話了。我走過去跟小班說：「你太過分了，怎麼對我們不告而別，如果眞的要先走，至少也跟我們講一聲吧？如果你今天不是選這間住，那我們可能再也見不到了耶！我們大家都對你很生氣，尤其是可瑞哥，他說他不跟你說話了。」小班很震驚，他沒想到會這樣，說因爲當時突然覺得精力旺盛，雙腳就像瞬間有了翅膀，飛起來了，想到說不定還可以跟上芙拉之類的。後來這段話傳到可瑞哥那邊，他說這都是藉口。當然，第一個原諒小班的是我，我大概可以理解他所謂的「精力旺盛」，想到一開始遇到他時，他的那種腳程速度就可想而知了，對我來說情有可原，只是大可提前通知夥伴一聲會比較好。這也是一個人走與團隊走的差別，如果小班自己上路，想走多快就多快，今天要到哪裡也不用跟誰告知。

晚餐後，沒有人想要逛逛小鎭，因爲可瑞哥不想和小班一起，馬丁則是想要陪可瑞哥小酌解悶，於是就剩我和小班一起出去晃，但沒想到這一晚，我又看見了另一面的他。

這座小村莊不大也不小，我們逛到一座公園，然後看到盪鞦韆我超興奮，這是我小時候最求之不得的遊樂設施！（因爲在我的童年，學校的盪鞦韆曾經發生事故而被拆除，所以那對我來說是一種奢侈的遊樂設施。）我趕緊叫小班一起過來玩，沒想到，盪著盪著，小班就哭了起來。

「我不懂爲什麼可瑞哥要那麼生氣……。」他不斷啜泣著。

我沒想到他是會在別人面前哭的人。我不知道要說什麼，所以就走過去給他一個擁抱，安撫他說：「你不用擔心，不管怎麼樣，我會再去跟可瑞哥談的，ok？」他點頭。

「如果你想哭，就盡量哭吧！」於是我就安靜地在旁邊繼續盪鞦韆，等到小班哭完了，他說我們去找個有超棒視野的地方坐下來好好靜一靜。於是我們來到一座橋上，可以眺望遠方的小鎮和山坡，然後小班開始連珠炮似地講起了他的故事：

「在一年前，我是截然不同的另一個人。我當時非常活潑，而且還到處拈花惹草，交過不少女朋友，不過這在歐洲，比較像是約會試探，在正式交往之前，我們都會有這樣的過程，一直到當時一段戀情的無疾而終，我開始吃一種在歐洲青少年界很流行的藥品，這藥品在德國是合法的。」

我心想他指的要應該是類似大麻之於荷蘭的藥物吧！小班繼續說：

「自從那時開始，我就進入了一種冥想的境界，開始思考很多很多的事情，想自己，想他人，想未來，想世界，後來我還迷戀上佛教。而在十九歲，也就是現在的我，獨自踏上了朝聖之路。」我靜靜地聽他講完，接著我們看到超迷幻的天空，是太陽快下山了！

「走！我們去視野最高、最好的地方看夕陽！」小班說。最後我們找到一個在小鎮邊緣的小山丘，爬上去站著望向對面山谷，直到夕陽在我們面前慢慢地完全消失在盡頭。

「所以你來朝聖之路的原因也是因爲要找到自己嗎？」我問小班，他對我點點頭。

「妳呢？」小班問我。

「我也是，雖然說待在家鄉固然很舒服也很穩定，但我覺得我有更大的東西想去追尋，也不想一輩子待在家鄉，我告訴自己一定要離開這裡去看世界。」小班非常認眞地聽著我說。我們就這樣待到晚上十點，太陽完全消失在地平線，換成月亮發著光，我們才慢慢走回去庇護所。而晚上十點，對夏天的西班牙來說，正是日落之時，一天剛結束。

當晚睡前，可瑞哥告訴我，他決定隔天要找時間跟小班好好談一談。而到這裡爲止，事情應該圓滿落幕了才是，但是，當晚小班並沒有來我們房間，問我們明天哪時出發、要到哪裡，因為只有他知道我們房間在哪，我們並不知道他睡哪一間房阿！而且那間庇護所非常大，房間也非常多……看樣子他應該是累了，我們也都累了。明天要怎麼聚……再說吧！

5 淚崩

二〇一五年，六月十二號、十三號。

我、馬丁還有可瑞哥，約好一早六點起床，但當我們都起床時才發現，哎呀！這間庇護所早上七點半才會開門，因為房間和大廳與公共浴廁是分開的，那是另一扇門，而我們有些衣服還放在那裡。於是我們決定，馬丁先和可瑞哥出發，我再回去躺一下，等到七點半所有門都打開，拿完我們的東西後再去跟夥伴們會合。能回去睡覺我真是太開心了，因為昨晚根本沒睡好，可瑞哥的鼾聲太大聲了，而且到早上我才把耳塞戴上！

接著我想到醒來後也許會在大廳裡遇到小班。起床後卻發現整棟幾乎空無一人了。不過老實說我沒有每一間都徹底檢查，結果後來才知道其實小班還在裡面睡覺。

馬丁和可瑞哥先抵達小鎮Viana，他們已經在那城鎮的大教堂等我，今天是我第一次獨自走整個路程，突然覺得，自己走的感覺好不一樣啊！自由的氣息瞬間降臨，帶著一種孤獨的味道，我也開始慢慢欣賞身旁的一切花草小物，那些平常和夥伴們走不會注意到的事物。不久，我就抵達了Viana了，當我走到大教堂看見他們兩個時，你知道那種感覺嗎？我等不及馬上衝過去抱緊他們了！然後可瑞哥問：「起司蛋糕在哪裡？妳有看到他嗎？」瞬間爆出一連串的笑聲，我快笑死了，明明就是很在乎對方的兩個人，卻最常吵架。

沒想到幾分鐘後，小班出現了！我的內心充滿愧疚，因爲我很後悔沒有每間房間都檢查，看看他在不在，就顧著自己先走了。所以他看見我時，臉上表情有點錯愕又難過、又驚訝，覺得我怎麼沒有等他呀！我給了他一個「不好意思啦！」的眼神。

然後，我冒出水泡的腳開始發疼，而且痛死了！我跟夥伴們說今天待在 Viana 好不好。但是他們都因爲有行程的關係，今天不能再延期了，一定要抵達下一個城鎮 Logoños，他們一直鼓勵我說剩下七公里而已，我一定可以辦到的。突然之間，我的眼淚一滴滴滑落，我很想留下，因爲腳眞的好痛，同時月經又來，雖然我更想跟他們一起走，我一點都不想自己一個人留在這裡，瞬間眼淚止不住地潰堤了，我突然變成了像要和家人永別的小女孩，然後可瑞哥抱著安慰我說：「我這裡有止痛藥，妳先吃一顆，然後我們一起陪妳慢慢走，一定辦得到的。」我邊哭邊把止痛藥吞下去。於是一路上，可瑞哥努力讓我忘記腳的痛苦，他陪我一路大聲唱歌、發瘋狂笑，接著我們一夥人就這樣不知不覺快樂地抵達 Logoños 了。腳還痛嗎？好像也沒感覺了。

當晚，馬丁和其他之前路上遇見的朝聖者，一同去酒吧狂歡了，因爲在今天這個城鎮，有好多朝聖者選擇做爲終點站，各自要離開了。然後，可瑞哥和小班聊了好久，兩人已經和好。我也下定決心要在這座城鎮停留二至三天，也就是說，是時候跟他們告別了。就在衆人皆醉——馬丁他們一夥人，從酒吧踉踉蹌蹌地走回來了，全都是一臉醉樣——唯我們三個（我、可瑞哥和小班）獨醒的情況下，好好告別了。可瑞哥還塞了五十歐元給我，要我收下，好好照顧自己，他說他眞的欣賞我的勇氣，請我一定要完成這段旅程！我從不知道哪來的幸運，可以在離臺灣這麼遠的西班牙，遇到同胞哥哥，就像親兄妹和心靈導師一樣，他開導了我好多事情，我眞的好感謝他。小班則說我是一個他什麼事情、什麼祕密都能說的好姊妹，他之後一定要來臺灣找我，這是我們在睡前的別離。

早上醒來後，我陪夥伴們一起逛了一下 Logoños，做了最後的道別，而他們繼續踏上旅程。當時我的心情異常平靜，看不出來有什麼不捨。誰知道回到庇護所後，我瞬間感覺到一切都變得好空虛，好混亂，好傷心，我開始想念他們了，是非常非常想的那種。但是，另一方面也因爲這樣，我才終於有時間好好消化一下，因爲這幾天就像歷經了好幾年，發生了好多事，我的心已經快呈現飽和的狀態了。晚上，我遇到一位五十五歲的荷蘭媽媽，我向她吐露了我的心情，沒想到她也和我一樣！與兩個在路上認識的好朋友道別，因爲她自己沒有趕行程，而她朋友行程很趕，所以她最後也很捨不得地與她們告別，然後選擇自己獨自上路！因爲她也想放慢腳步，細細品味每座城鎮。「每個人都有屬於自己的 Camino way（朝聖之路／朝聖方式）。」荷蘭媽媽告訴我。

G. Moreda

6 混亂的一切

二〇一五年，六月十四號。

今天一整個早上，我都待在庇護所裡寫日記，然後下午跑去看教堂，還逛了一個以中古世紀爲主題的市集，這個市集眞是讓我大開眼界！好多不同種類的美食和手工藝品，每個攤販都穿著古代的衣服，大聲呼喊叫賣，眞是有趣！我還買了一份五歐元的 Kebab[1] 犒賞自己一下，不知道爲何在歐洲特別喜歡吃 Kebab，每咬一口都覺得好幸福！

回來庇護所後，和昨天那個荷蘭媽媽聊天，喝熱巧克力、吃晚飯，我的心情穩定了一些。不過沒想到不久後，可瑞哥傳來了訊息說小班又走丟了，他飛快地消失了。我覺得無言，但想一想，也許他只是沉醉在自己的速度裡，殊不知一轉眼已經遠離他的夥伴們了，小班就是個很容易沉浸在自己思想世界裡，旁人事物皆空狀態的人。看來，可瑞哥可能又要爆發了。

於是我決定，明天搭公車到 Sto. Domingo 與我的三個夥伴再次會合，去了解一下到底又發生什麼事了。我告訴自己這次和夥伴見面後我就必須成長，要自己上路，因爲這是我自己的 Camino，不想被牽制，更不想錯過那麼多可愛的小鎮，和不期而遇的人、事、物。還有我發現，其實當自己走路時，多出了好多時間和空間給自己思考，而且說不定，也還會在路上遇到其他的新夥伴也不一定，一切都很難說，這就是人生吧！

總之，我已經下定決心，接下來要自己獨立完成，這也是當初我送給自己的禮物與挑戰！因爲我想到連與我同年紀的芙拉都可以辦到，我一定也行！

誰知道我這些話才剛對自己說完，下一秒又變了，因爲我腦中浮現的都是夥伴們的臉，我實在太想他們了，恨不得立馬坐公車去和他們會合，而且還愼重地考慮要不要跟他們就一路一起走到聖地牙哥。到我接受眞正離開他們，開始自己的旅程，可是花了好一段時間。

1　Kebab／Doner Kebab：一九三〇年代中期，由少數在多年前，從安納托利亞流亡的希臘亞美尼亞餐館老闆，傳入歐洲的一種烤肉串，在當時只有在歐洲的移民人士會吃，現今已成爲歐洲常見的街坊小吃。

MOJITOS Y MAS

7 夜半的敲門聲

二〇一五年，六月十五號。

今天坐公車去 Sto. Domingo 的巴士站，遇見了來自香港，但長年旅居英國的單親媽媽 Rosa，她很有活力、熱愛自由與旅行，我們今天將抵達同一個小鎮，在車上聊天的同時，也互換了聯絡資訊，我們還約好了要一起吃晚餐和逛教堂，下了車後就與她道別了。我直接前往夥伴們住的庇護所，沒想到在轉角就巧遇他們了，我們高興地馬上相擁而笑！

雖然說我這次是抱持著最後一次來看夥伴的心，還有幫忙解決小班和可瑞哥之間的問題，不過想一想，其實這個問題很簡單，對我這兩位夥伴來說，雖然他們在乎著對方，但他們應該要分開走，這樣既不會再吵架，也還會因爲距離的關係而想念著對方，不管怎麼想這都是最好的方式吧！有些朋友或伴侶不一定要天天膩在一起，才可以維持一段感情，有時候有點距離，才最美。

當晚，小班和我們住在不同的庇護所，然後他主動來找可瑞哥，到外面小公園去聊聊，我和馬丁則是偷偷地從遠處觀察他們，但兩人就像兩尊雕像一動也不動，既沒什麼行爲舉止，也沒什麼交談互動，空氣就像凝結般，我和馬丁覺得應該沒什麼事會發生，就先回去庇護所休息了。因爲西班牙早晚溫差非常之大，越晚越冷，會冷到骨子的那種！沒想到，可瑞哥一直沒有回來，到了庇護所關門的時間晚上十點也還沒有回來！小班意外幸運地有另一位德國朋友的幫助，才進得去他住的庇護所。

在快接近十點前，我和馬丁去了他們當時待的公園找人，卻沒看到半個人影，十點過後眼看門都關了卻還遲遲沒有回來，我跟馬丁說：「我們再出去找找看，你覺得呢？」

「我覺得不要了。」馬丁的回答讓我覺得比外面的溫度更冷。

「爲什麼？」我問。

「因爲那是他們的事。」我聽了又錯愕、又難過。雖然馬丁總是隨遇而安，基本上是不太會受旁人的情緒或行爲影響，但因爲我們現在是一個團隊，一群夥伴，多多少少還是受彼此牽連，我想我現在根本沒辦法睡覺，因爲我可以預料到可瑞哥今天要睡在街頭了，而我們竟然幫不上忙！

當我眼睛還睜著大大地望著天花板時，不久就聽到了樓下有人按門鈴、講話和敲門的聲音！接著有另一個也還沒睡著的朝聖者走過來，要跟我一同到樓下察看，我們費了好大的工夫才終於把這厚重的木門鎖打開，卻沒看見半個人，我們喊著「哈囉？哈囉？」寂靜，完全沒有人回應。我隱約覺得剛才那是一群女人的聲音，而不是可瑞哥的聲音。瞬間外面冷風灌了進來，深到骨頭裡，冷到想哭！可想而知就在今晚，可瑞哥真的睡在街上了……。

8 Belorado 的奇幻山丘

二〇一五年，六月十六號。

隔天，我和馬丁等可瑞哥回來庇護所後，當他得知了那天晚上我們等他等到十點，他很驚訝又感動地說：「其實你們不用等我啦！」

「這本來就是朋友會做的事！」我回答。

「但是昨天晚上眞的是夭壽冷！」可瑞哥眞的睡在街上了。

接著我們就繼續出發了，當我們經過一個小村莊時，才一瞬間的時間，我就被這個好可愛又好美麗的古老地方吸引，還有從街坊上的手作麵包坊飄出來的陣陣烤麵包香。尤其是一間充滿手繪異國風的庇護所完全讓我震懾住，我立刻決定今天要留在這裡！不管馬丁和可瑞哥怎麼說，我都不會改變心意了。「No，妳一定很快就會對這裡感到無聊了。」馬丁說，然後可瑞哥還騙我，說這間庇護所要價十五歐，結果我進去問，不只是隨喜價還附早、晚餐！他們看我說服不了了，於是放棄，我就跟馬丁和可瑞哥道別了。

結果，我不用幾分鐘就把整座村莊繞完，然後回到庇護所，完全沒半個人，重點是我現在渾身還充滿著精力和活力，突然很想再繼續走很遠的路。所以我立馬背起背包，全力衝刺準備追上他們兩個。

但是當我抵達他們今日會到的城鎮 Belrado 後，還是沒遇到他倆，後來發現我們待在不同的庇護所。直到我在村莊裡，遇見當時在 St. Domingo 認識的一位超友善又高大的義大利朝聖者，他說他看到了我的夥伴，然後就直接帶我去找他們。抵達他們住的庇護所時，剛好他們倆和一群朝聖者正在吃飯，我就說那我先去公園等他們。

當我走到公園時，我竟然看見小班的背影，他坐在椅子上，似乎在發呆，然後我悄悄地走過去準備嚇他，他卻剛好起身準備離開，但還是被我嚇著了！我開始問起關於他這幾天又突然消失的事情，沒想到小班再次哭了起來，這次我沒有試著安慰他，因為我知道他必須改掉這個習慣，他明明跟我發誓過，不會再讓這種事發生，但是卻又做出同樣的事情。小班開始跟我解釋的同時，我心想，也許這就是他的個性吧，他想要無拘無束地走，可是又想和夥伴一起，當他太享受自己的步伐時，殊不知已經離夥伴遠去了，而他也沒有手機可以聯絡夥伴。所以要嘛就乾脆自己走，要嘛就跟著夥伴的步伐走，再不然，可以跟他們先約好在一個點集合阿！就不會一直惡性循環地發生同樣的事情，讓夥伴煩心。我把我的想法跟他說後，接著我們就轉到別的話題，繼續天南地北地聊起來，還走進旁邊一家超小型的可愛雜貨鋪買零食，繼續坐在公園椅子上邊聊邊笑，這種笑聲可以傳遍整座小鎮了，這時我又再次感覺到，我可以完全放開心胸和小班相處了，而且好輕鬆又快樂！我終於看見小班大笑了！

雖然說，這也是小班在我面前哭第二次了，但可瑞哥與馬丁兩人還是一直不敢相信他會哭。後來小班又告訴了我更多關於他的故事，他之前給我冷冰冰、不好親近的第一印象，已經飄到九霄雲外了。接著我們一起回到他今天住的庇護所喝牛奶，那邊有提供給朝聖者喝，而且那間庇護所的價格是隨喜價，因爲以前是修道院，主人還是一位會魔法的老公公，因爲他很快地幫小班解決了脖子痠痛的問題！

接著我準備帶小班到可瑞哥的庇護所找他，因爲遲遲沒有等到他過來。結果後來可瑞哥告訴我，他其實已經來過公園了，但因爲看見小班也在這邊，所以就掉頭回去了……。

所以當我帶著小班來到他們住的庇護所時，可瑞哥與小班就自行到外頭講話去了，兩人散發出讓人尷尬的氛圍，顯然戰火還在。於是就只剩下我、馬丁還有其他朝聖者，在庇護所裡的水池邊聊天。馬丁說他們打算明天一早六點半就要出發了，而我和小班則是覺得這小鎮太迷人可愛了，所以可能會多待一天。在小班與可瑞哥他們倆談完後，我和小班返回庇護所了，小班告訴我他發現了一個非常酷的地方，問我要不要去，我說那當然！他說那是一個很酷的巨大岩石，在很高的山丘上，他發現時還坐在上面俯瞰整片大地。於是我們決定要在這小鎮多待一天，然後隔天去山丘上的巨岩享用早餐。就這樣，我們約好明早八點在小班的庇護所集合。

結果今天一早我遲到了差不多快十分鐘，想說這下可好了，小班應該已經出發了！結果一抵達他的庇護所，竟然看見他背著背包「走回來」，

「小吉對不起！因為我看到超過八點了但妳人還沒在出現，以為妳先一步出發了！」小班又驚訝、又不好意思地說。

「那你幹嘛還走回來啊？」我問他。

「因為我忽然發現忘記拿一件東西了。」這也太巧了！如果他沒有忘記拿東西，我想我們就分道揚鑣了！畢竟他的腳程是以那驚人的速度前進，我肯定跟不上。其實我有點生氣，因為我遲到還不到十分鐘，我知道這是我的問題還有我的錯，因為他的手機也沒辦法聯繫上我，也許他等朋友的極限是五分鐘吧！但他也太著急了，讓我有點錯愕又厭煩，心情通通顯示在臉上，小班看出來了，於是他就趕快帶我去山丘上的巨岩。果然小班也真不是蓋的，跟我有得比，都找的到這種幾乎不會有其他人發現的絕美地方，我們就爬到岩石上，靜靜地眺望整遍晨間大地與山坡，與早餐的美味一同沉醉著。接著我們就開始今天的旅程了，卻不知道有個大悲劇即將上演。

9 Come to me today or never

二〇一五年，六月十七號。

小班告訴我他不會再搭巴士了，之後全程都要用徒步的。他跟我說，我是唯一一個能知道這件事的人，如果他搭巴士，我就可以罵他、打他、甩他巴掌，然後他跟我打勾勾作爲承諾。就像他之前說的，他會做這個承諾是因爲他們家族的傳統。

然後因爲我腳底的水泡越來越嚴重的關係，今天只走了七公里抵達 Villafranca 小鎮，我們找到了一間非常棒的舊城堡庇護所，十六世紀就存在了，而且才五歐元，還有很美、很大的庭園和晒衣場。

我和小班在洗完澡之後，跑到他們的豪華大廳探險、休息，不久可瑞哥傳來訊息：「嘿！」我告訴他我們在 Villafranca。接下來他回的是一連串英文，內容顯然針對小班，他說：「I don't care where you are」然後開始打一些氣話，而且還傳來一張照片。照片上是他在某段路用排成的石頭訊息，上面寫著：「小班，Buen Camino → Agés」因爲他以爲小班今天會到那裡，「眞可惜你們兩個看不到。」可瑞哥說。

他很氣小班明明可以走很遠很快，今天卻只走了七公里到 Villafranca，他以爲他會走到 Agés，但小班告訴他是因爲他要陪我待在這裡，接著他傳出了一句話，讓小班開始破口不斷罵髒話：「Come to me today or never.（今天過來找我，否則永遠不要再來）」。從來就沒見過他這麼生氣，我不知道該如何是好，淚水也已經準備在眼眶打轉了，因爲眼前正上演的，是我兩個好友之間的悲劇。我希望可瑞哥能原諒小班，而在這過程中，我努力地扮演著他們倆的和事佬，我非常有信心地感覺到，他們倆不可能這樣輕易說斷就斷。畢竟這兩個人是多麼在乎對方，因爲在他們吵架期間，可瑞哥還會傳訊息問我小班好不好。

睡前，小班告訴我，他明天會很早起來，要直接走到 Burgos 找可瑞哥，只是，這段距離有四十公里，而且小班沒有手機可以聯絡到可瑞哥，再加上 Burgos 是個大城，他們要怎麼遇到？但有時候，緣分本身就是奇蹟。

¡BUEN
CAMINO!

03

第三章——卡斯提亞與里昂——一個人的旅途

"When walking by yourself, you start making friends with yourself, though you keep wondering yourself"-Hanji

「一個人徒步時，會開始與自己做朋友，雖然一直對它感到很疑惑。」——Hanji

1 西班牙老公的寶藏屋

二〇一五年，六月十八號。

從今天開始，是一個全新的起程點，經過這幾天分分合合，合合分分，我已經慢慢地接受離開夥伴自己上路的心情，正式展開了一個人徒步的冒險。這中間調和了好久，不過今天，我已經開始享受這完全屬於自己的旅行了，去感受眞正的隨心所欲、自由自在。而我也慢慢感受到一個人走，與夥伴走，是多麼不同的感覺！

今天決定抵達可瑞哥說我一定會喜歡的小鎮Agés。我照往常直接選擇了當地Municipal庇護所入住，沒想到這是我目前爲止住過最糟的庇護所，不是廁所有問題，不然就是淋浴間的門根本不能關，我還搬了一張椅子進去擋住！但是這個小鎮我眞的好喜歡，洗完澡、晾完衣服後，我就開始探索村莊，這後來變成我往後在旅途上的例行公事，我眞的上癮了！因爲我好享受探索陌生的地方，那就好像在拆禮物那樣驚喜，我已經可以確定這是我活著的目的之一，上帝創造了我們的手、腳、眼睛還有這個世界，就是要我去探索，這是我爲何而活，我找到一部分的我了！

接著我無意間來到了一棟可愛的小木屋，看見一位老公公坐在屋子外，正在專注地做木工，我以爲那是他家所以不敢太靠近，因爲我看不懂他房子屋簷上那個牌子寫什麼，但是我真的太好奇了，於是一直徘徊在老公公和他的房子對街，看著他做木工，我覺得看著老公公在做木工，就能讓我看到忘神，而且他的房子好可愛，裡面似乎藏著許多寶物，沒想到就被老公公發現，他對著我說著一連串西班牙文，我聽不懂，這時剛好一位會英文又會西班牙文的朝聖者走過來，聽到老公公說的話後告訴我，他說歡迎我們進去參觀他的屋子！

哇！於是我和那位朝聖者一起進去，我瞬間被老公公屋中的寶藏陶醉了，所有作品都像一件件無法複製，且充滿溫度的藝術品，老公公見我看得如此著迷，於是開始爲我講解起來，雖然他說的是西班牙語，不過我竟然神奇地的大部分能聽懂，此刻我們就好像是用「心」在做交流。他說這些作品全部都是這座村莊的模型，一邊說著一邊把每個小木屋或是教堂的門打開，讓我窺看裡面更細緻的驚人之作，我看到嘴巴閉不起來。老公公還順便幫我上一堂西班牙文課，他指著每個木工作品講幾遍西文，讓我練習，我真的覺得他太酷了！

在我離開前，老公公翻開門口桌子上的一本留言簿希望我留言，裡面有好多朝聖者留下的隻字片語，我發現這位老公公非常以他的木工房爲傲，當我寫完時，老公公說了一句話，我只聽懂一個單字「Amigos（西班牙文：朋友）」，並比著「來」的手勢，我立馬知道他的意思了，我跟他點點頭，老公公笑得好開心，我也心滿意足開心地離開了。我眞喜歡這位老公公，在他生命中，有個這麼熱愛的事物，然後分享給所有人，並以此爲傲一生。我以後絕對要像他這樣，我會開一間店，一間讓人想來一千萬次，充滿魔法的店。

接著，我回到庇護所後認識了一位韓國女生，於是我立馬跟她說我帶你去一個很酷的地方，她就跟著我去了。老公公再一次看到我，而且還帶著一個朋友來，他好驚喜，可是我發現這個韓國女生好像對木工沒有多大的興趣，但是沒關係，因爲這樣老公公已經很開心了，我只是要感謝他讓我有這麼驚喜的一個下午！而且之後我帶家人或朋友走這條路，一定要再帶他們來看。

ARTESANIA DE LOS
RECUERDOS

2 一個圓滿的重聚

二〇一五年，六月十九號。

今天我的腳步特別輕快與雀躍，雖然腳還在痛，但只要我越接近 Burgos 心情越興奮，因爲我那三個夥伴，可瑞哥、馬丁和小班都在 Burgos 等我！想到小班眞的走到 Burgos 跟可瑞哥重修舊好，就讓我心情更雀躍，我的信念果然成眞了！

聽小班的建議，我從走去 Burgos 這段路開始換上涼鞋徒步，把登山鞋暫時塞進包包裡，這樣子腳才可以減少摩擦，不過少了厚鞋墊的支撐，腳底眞是痠到要我的命，但至少我抵達後，腳沒有那麼痛了。接著我找到了夥伴昨晚入住的庇護所後，一洗完澡我就決定馬上出去覓食了！雖然還沒遇見他們三個，但是管不了那麼多了，因爲我現在只想吃，餓死我了。

沒想到，當我下樓時，小班也從樓上跑下來，他說他在找我！然後他告訴我馬丁和可瑞哥兩人都坐在外面街上，小班和我串通好，他先跑去跟他們倆說沒有找到我。接著我靜悄悄地走到他們倆後面，然後突然跳到他們前面大叫一聲「哈！」他們兩個大叫一聲，我笑倒在地上，接著我們都笑成一團，好懷念這樣的日子。然後我趕快跑去買食物回來與夥伴們一起聊天，因爲他們都剛吃飽了。

就在這時，沒想到之前在路上，遇到的一位很有趣的日本女生小林，突然出現了！還有另一位日本女生由佳里，也同時出現了。他們兩個都是辭職後，獨自在世界各地旅行闖蕩的勇敢女生，尤其是歌林，她甚至不會講英文，卻用她一張大大的笑臉征服全世界！於是我們就一起去逛博物館，然後一起享用「最後的晚餐」。她們都是明天就要繼續上路了，我則會在這座城市多待個一天再出發，而今晚就成了我們最後一次見面，接下來，開始一個人眞正上路了，我既興奮又緊張，充滿著不可思議的際遇和奇幻旅程展開了。

而在這幾天的路上，我寫了一首詩送給自己，獻給那個當時在教堂外因爲腳長水泡，還要跟夥伴分開而大哭的我，還有水泡一天比一天痛，卻還繼續走的我：

〈勇士之歌〉

勇敢，不是不會害怕，
而是就算怕得要死，
還是不斷勇往直前；
堅強，不是不會哭泣，
而是一把鼻涕一把眼淚後，
還可以再一次快樂起來。

3 樂天王國

二〇一五年，六月二十號。

昨晚與夥伴最後一次道別後，今天一早醒來，就只剩下我一個待在Burgos，我決定漫無目的地漫步在這座美麗的城市。當時我晃到廣場旁的一條街，突然間，一個樂團的團長拿起麥克風開始講話，然後，就開始唱歌跳舞了。剛開始沒人，後來所有的路人都聚集過來了，他們又唱又跳，每個人都好快樂，還有很多大人帶著小孩來跳舞。儘管西班牙經濟蕭條，但是他們的人民卻還是每天唱歌、跳舞，從小到老的民衆都出門來勁歌熱舞，他們說這就是人生啊！要過就過得痛快！

下午，我到一間甜點店享用甜點的時候，巧遇了之前在路上那位聽到我唱歌的德國媽媽，我們一起坐下來聊天，雖然她的英文沒有很流利，可是我跟她還是用超越語言的方式溝通。後來，我甚至不知道會與這位德國媽媽在一座奇妙的城市再次結緣，甚至開啓往後到德國拜訪她的機緣，重點是，這位德國媽媽不太會講英文，我則是一句德文都不會講，所以我們是用多國語言在溝通，一句話混和著英、西、德文。然後我們互相道別，回到各自的庇護所休息。

4 獨自旅行的老奶奶

二〇一五年，六月二十一～二十二號。

今天本來預計要抵達 Castrojeriz 的，但是當我經過一個地方時，我感覺到裡面有股神秘的力量在呼喚我進去，所以我決定進去看一看。得先穿越一條小徑進去，兩旁都是草叢，接著我看見了兩個很大的柱子像廢棄已久的拱門，既神聖又神祕的，像走進了電影場景。這地方現在由兩個志工看顧著，志工是來自世界各地不同國家的朝聖者，每個人都可以申請在這邊類似打工換宿的志工假期。志工告訴我這地方是從一間十四世紀就存在的教堂改建的，自從教堂沒再運作後就荒廢了好一陣子。直到十年前，三位好朋友決定一起徒步完成朝聖之路後整修這裡成爲一間服務朝聖者的庇護所，費用採用捐獻自由價，並含早晚餐，直到現在都是。但後來其中兩位好朋友在朝聖路途中不幸喪命了，所以現在這間由剩下還活著的那位朝聖者營運，並且這間也以紀念他的兩位好朋友而存在。

由於早到的關係，下午我在這庇護所附近散步，認識了一位也住此的德國媽媽（沒錯，這一路上到處都是德國人，更不用說朝聖之路，全世界各地都遇的到德國背包客，那是因爲[1] Gap year 文化在德國深耕已久，鼓勵年輕人出走。），她正要去草原上打太極，於是帶著我一起去，我跟著她擺動作，她也順便指導我，她說她打太極好多年了，很喜歡這項靜態運動。眞沒想到這項來自我們亞洲的運動，現在竟由一個西方人在教我！

睡覺前，我發現我的上鋪來了一位看起來大概有九十歲的老奶奶，她正費力地往上鋪爬，我的心揪了一下，馬上跟她說：「我可以跟妳換床位！」老奶奶很驚訝地轉頭緩緩地問我：「眞的嗎？」她非常感動。原來老奶奶也自己旅行，我好佩服她，雖然這條路上遇到好多年紀很大的朝聖者也是自己走，但是她大概是我目前看過年紀最大的！我以後老了也要像她那樣精神百倍。

待老奶奶去洗澡後，隔壁床鋪一位來自義大利的女生很驚訝地跑過來跟我說：「我要跟妳學習！妳實在太棒了，竟然願意把床位讓給老奶奶，我剛才看到她但卻都沒想到要和她換床位，因爲我也是睡下鋪！我眞的要跟妳學習，謝謝妳和她換床位，我爲妳們開心！」

我微笑地說：「因爲看到老奶奶爬上去上鋪費了好大的力氣，我本能的反應就是覺得不能再讓她爬上去一次，她還得保留很多體力走很長的路呢！」雖然我們在走朝聖之路時，最希望的就是被分配到下鋪，或是先搶先贏，因爲當你到達庇護所時，通常你不會想再花力氣爬上爬下，因爲白天就已經爬夠了。

而有關這條路上遇到的這些獨自徒步的年長者們之中，其中一位八十歲奶奶曾經說過一句話：「我現在才八十歲，我還可以走呢！我要一直走下去，走到不能走爲止。」

而我永遠記住了這句話。

1　在高中畢業後進入大學之前休息一段時間，通常是一學年。德國文化鼓勵年輕人利用此段時間離開家鄉與舒適圈，帶著少許的打工錢，到異地旅行，體驗世界與挖掘自我，再回來決定自己的生涯規劃。後來此文化因對年輕人深具影響力，南韓國家也同時引進，帶動大量南韓年輕人的出走潮。

5 魔法小鎮——神祕的屋子

二〇一五年，六月二十三～二十五號。

早上吃過了志工們熱心準備的早餐後，我就道別了這神聖的地方，繼續上路。沒想到才走沒多久，我的肩膀又開始酸痛了，越走越不舒服，這下可好了，我才走沒多久！我似乎還沒找到自己與背包可以合而為一的平衡點。

於是我決定今天只要抵達三公里外的 Castrojeriz，其實還有另一個原因，是因為這座小鎮似乎有某種魔力吸引著我了。雖然現在才一大早，家家戶戶的門都還緊閉著，這時寧靜無人的街頭，突然傳來一陣特別又充滿異國情調的柔和音樂聲，我循著聲音，發現了源頭：一間屋子。從外面觀看，它就跟一般住家沒什麼兩樣，但仔細往上面看，發現它有個好有味道似乎是自己設計的小招牌，如果沒仔細發現還眞的會錯過，上面寫著：

「The Hospital of The Soul（心靈醫院）」我還不太懂這意思。然後就看到門口旁有一張手繪的字條寫著「歡迎免費參觀」的字樣，於是我走了進去。從屋外看向裡面好暗，但一走進來卻有好柔和的光線襯托著這裡的溫暖氣氛，我現在身處的這個空間牆壁上掛滿著一整排的攝影作品。再往更裡面走，是另外一個空間，顯然是廚房。廚房旁擺放了一副餐桌椅，桌子上放著手工餅乾和巧克力，還有好幾種的花草茶，都是裝在熱茶壺裡面還冒著熱煙，我注意到桌上有個牌子寫著：「Help Yourself.（請自行取用）」廚房有個女生在做飯，我輕聲跟她打了招呼，問她是主人嗎？

「不是，我也是朝聖者，不過故事說來話長，我現在住在這棟屋子。」她笑著說，我好奇地繼續追問爲什麼？她開始說這棟神祕屋子的故事：

「因爲緣分的關係，這間屋主收留我住在這裡，到現在已經兩個月了。這棟屋子的主人是一對夫妻，他們是在走 Camino 路上相遇的，男生是一位藝術家，在 Camino 路上旅行了二十三年，但不是只有在西班牙境內，而是環球徒步旅行，他在去過的每一個地方都會進行藝術創作。旅行回來他的家鄉 Castrojeriz 後，覺得是時候與他人分享他在路上看到的、學到的與體會到的事了，所有才開始著手弄這棟屋子，他希望所有有緣進來這裡的朝聖者都能夠把這裡當作自己的家，但也要同時保有尊重的心態。這就是現在爲什麼有這棟屋子的存在。」

「哇……。」二十三年是多長的歲月呀！我想我眞的尋找到了一間寶藏屋了，就像《小王子》書裡說的「有些美麗的事物，是眼睛看不到的。」[2]這裡還同時販售著主人的攝影作品集和明信片，全都是 Donativo（自由捐獻價），主要支持著他這間店的營運。接著我繼續順著音樂聲來到了二樓，二樓擺放著主人使用的書桌，上面還放著他的手抄心經。還有幾個小房間顯然是打坐冥想的地方，牆角有一架書櫃裡放著主人徒步世界各地的蒐藏書籍，我小心翼翼地翻開了幾本類似相簿的書來看，裡面紀錄和收藏了他去遊歷各地的珍藏，裡面的圖畫和文字，讓我覺得他是個心靈很豐滿的人。

接著我走到樓下的戶外空間，那裡可以延伸到一座小山洞裡，洞裡還有壁畫，不曉得是很久以前的人畫的還是現代創作。我好喜歡這壁畫裡的人物，好嬉皮又可愛的風格。戶外空間有個似乎也是朝聖者的人正在吊床上熟睡著，我於是靜靜地回到屋裡頭。

這回我仔細地看了男主人的每張攝影作品，還有他的明信片，我挑了幾張，投了錢，然後離開。我會再回來這裡，而且很快。

2 此句話收錄在《小王子（The Little Prince）》。此書是由法國作家安托萬・德・聖修伯里（Antoine de Saint-Expéry）創作的一部中篇小說，雖被歸類爲兒童文學，但其內容深度堪稱大人必看的經典文學。

6 魔法小鎮——山丘古堡

我一走到城鎮中心，就看見了一間 Municipal 的庇護所，立馬入住。老實說，我這幾天因爲少了夥伴一起走，原本一起分攤的食物重量現在全部要自己背，而且我竟然忘了怎麼調整背包，導致肩膀一天比一天還要酸，如果不找救星幫忙，可能無法再前進了。幸運地，這間庇護所的櫃台阿姨是一位來自匈牙利的志工，她之前也是朝聖者，現在英文講這麼流利的她說，都是走 Camino 訓練出來的！因爲她走過三次了，所以還可以幫朝聖者解決所有的疑難雜症或問題等。尤其是按摩！我告訴她我的症狀，首先她先教我怎麼背背包才能達到最輕量化，接著她說等會要幫我按摩。不一會，匈牙利阿姨請我搬一張床墊到陽台，我還不知道這床墊是給我躺的，幫阿姨撐好了才發現這是一張按摩床，她馬上叫我衣服脫掉躺下去，然後她去拿精油，接著開始幫我做全身按摩！我受寵若驚到講不出話來了，沒想到她幫我按摩完後又叫下一個朝聖者過來……，而且這都是不收費的。當年她也是向朝聖者一樣受很多人照顧，她說現在換她來照顧這一路上的旅人們了。自從匈牙利阿姨幫我做過按摩還有教我調整背包後，我肩膀一路上再也沒酸過。

傍晚時刻，我聽其他朝聖者告訴我山坡上有間特別的城堡，於是我決定去瞧瞧，順便看夕陽。這裡的太陽很晚才下山，大概要到晚上十點。於是我九點開始爬，當我要抵達城堡的路上時，風越來越大，感覺我都要被吹走了，然後我看到了前面好像已經廢棄很久的大建築物，心想應該就是那座城堡。這時天色已經漸漸暗下來了，風也越來越大，我已經開始發抖而且覺得有點陰森，還在猶豫要不要進去時，突然看見兩個女生從裡面走出來，於是我就放心了，跟他們打了聲招呼道別後，換我進去探險。

城門是敞開的，一進去就看到砲彈台，這裡是以前防守用的堡壘。城堡外部與庭院已殘破不堪，我繼續往裡面走，這時來到了城堡內部，接著眼前出現又小又窄，只能容納一個人的樓梯，黑黑暗暗的，但同時又好像有光微微透進來，我的好奇心忍不住帶我往上走，興奮感已蓋過恐懼感，我好像時常陷入這樣的狀態，頭也不回往前衝，總是不怕前面有什麼惡靈或妖魔鬼怪、或甚至變成惡靈古堡之類的。當我越往上爬，慢慢地有光線折射進來，原來這是通往城堡頂端的樓梯！這時，剛好太陽公公正往地平線的方向移動，「哇……我～的～老～天～爺～阿！」眼前的畫面是紅橙黃色系，像馬卡龍的顏色暈染著毫無遮掩的大地，這條朝聖之路，有將近三百多公里都是麥田，完全沒有大城市，所以我才能看見沒有遮蔽物的地平面，就算是相機也沒辦法把這當下的魔幻與美複製在鏡頭裡，我完完全全的沉醉在這魔法時刻裡，直到太陽完全下山。如果說這時候許了個願望，感覺不成真也難了。

後來我下山後發生了一件至今我還都無法理解的謎題，從城裡回庇護所的路上遇到一位美國女士，當我提到這間城堡時，她告訴我：「我也去過那裡，但我前兩次去城門都鎖起來，直到我在城裡遇見一位女士，她告訴我說她有鑰匙，我借了她的鑰匙上去後才得以進去。」

因爲不只第一次我去是敞開的，但就連第二次去那座城堡時，大門一樣是敞開的。

7 魔法小鎮——半夜的叫聲

從城堡回去庇護所的路上，遇到了一個法國的朝聖者喬丹，和來自英國的朵拉，然後又因爲喬丹的關係認識了來自義大利和愛爾蘭的兩位朝聖者，我們大家一起去吃晚餐，結束後我就開始充當起他們的小導遊了。我帶他們到早上那間神祕的屋子，再趁天黑前，帶他們去那棟魔幻城堡看夕陽。喬丹晚餐好像喝了太多酒，已經醉了，因爲他堅持要爬直線上山，他說這樣比較快！我們無法阻止他，結果他眞的比我們快抵達，但是手上多了好幾道傷痕，讓我們下巴都快掉下來，肯定是他自己開路時被那些野草割到的。而因爲今天有 San Juan[3] 的生日，所以村莊特別熱鬧，下午有敲鑼打鼓的樂團表演，晚上還有一場派對，我們決定一起去狂歡熱舞！沒想到我們來到音樂廣場，除了音樂外，只剩零星的幾個老人家在跳慢舞，連半隻貓都沒有，於是我們開始自己跳，直到我睡意來臨。今天晚上，許多人瘋的瘋、醉的醉，庇護所內還有人直接睡在廁所裡面。但就在半夜，一件更不可思議的事情發生了。有一個男子竟然開始 making love with

---

3　施洗約翰 San Juan：天主教慶典，因西班牙爲天主教國家。此節日稱西班牙仲夏節，於北半球夏季最長的日子舉辦，通常約在夏至的二十至二十一日左右，最重要的仲夏節慶祝之時，會在 San Juan 生日（6/24）的前一晚，及仲夏夜，過午夜十二時，被稱作最魔幻的時刻。

himself（自主打手槍），而且還邊打邊叫得超大聲，所有人都被他嚇醒了，睡在他下鋪的女生起來叫他閉嘴，她對他說：「stop doing that!（不要再做了！）」然後他竟然開始大哭起來……。

此時是衆人皆醒，我獨「醉」，因爲我已經睡死了，幸好耳塞有戴好戴滿，所以什麼都沒聽到。

天亮一早當我在刷牙時，

「妳知道昨晚發生的事嗎？」旁邊同樣在刷牙的一位朝聖者女士問我。

「發生什麼事？」我問。

「妳眞的沒聽到嗎？所有人都驚醒了！」她露出非常不可思議的神情，眼睛張大大的。

「我睡死了，什麼都沒聽到。」我說。

於是她就告訴了我昨晚發生的事情。

接著用更驚訝的表情問我：「妳是用哪一種耳塞？怎麼那麼厲害，什麼都聽不到！我一定也要去買一個！」她告訴我說，她們也都戴著耳塞睡覺阿，卻還是被吵醒了。我告訴她我用的是海棉式的，下次旅行前，一定要換這種的！

8 朝聖路上的第一座泳池！

二〇一五年，六月二十五號。

聽其他朝聖者說，Boadilla del Camino 這座小鎮有一間超棒的庇護所，裡面有超棒的游泳池，是一個非常值得停留的駐點。我和昨天認識的幾個新朋友約好，早上八點起床吃早餐，九點一起出發。結果沒想到起床後，發現喬丹不見了，原來他已經背著包包先上路了，我想我已經習慣了這種事的發生了吧！雖然還是有點驚訝，想說大夥不是都約好了，但是想一想，每個人還是有自己的 Camino way（朝聖方式）。而那位義大利男生則是打算自己走，因爲他還沒好好享用早餐。於是就剩我、朵拉和愛爾蘭男生，還有他的一位朋友一起上路了。半途中朵拉因爲前幾天腳就受傷，過於疼痛的關係，不得不在一間庇護所休息，並請一位有車的朝聖者朋友載她到 Boadilla del Camino。

當我們終於抵達 Boadilla del Camino 時，發現它是一座很迷你的村莊，也沒有看見所謂有泳池的庇護所，怎麼好像很無聊的地方啊。我們想說那還是離開這座村莊好了，但就在經過一間教堂時，我偶然瞥見一間很特別的庇護所，這種庇護所在接下來的日子，與我就像磁鐵正負兩極一樣，每當我不經意經過時總是相吸起來。然後我就跟愛爾蘭朋友說我想進去看一下，當我走進去時，「小吉！」我看到了正在游泳池裡面的喬丹朝我叫。然後還看見了朵拉，還有一位奧地利新朋友麗莎，正在泳池旁做日光浴。我高興到笑得合不攏嘴了，馬上衝出去告訴愛爾蘭朋友，要不要今天一起住這裡，但他們還是決定繼續前進，而我選擇留下來。

簡單來說，這座庇護所就是一間小型藝術博物館，牆壁是顏色搶眼的手繪人體壁畫，草地上則是散佈自然又有型的漂流木藝術裝置，不到幾秒鐘的時間，我的靈魂已經被這裡吸進去了。「三、二、一，跳！」眼前突然一群韓國朝聖者脫光衣服跳進泳池，我也興奮得趕快換上泳衣跳下去消暑了，畢竟現在這條路在白天可是高達攝氏四十度的高溫！

於是我和這些朋友們一起享受在泳池的時光，然後同時也交了一位新朋友麗莎，來自奧地利的她，高高瘦瘦的又美麗，她也是一個人來走這條路，我們彼此分享著許多故事，做文化交流，最後互相交換了聯絡資訊。因爲隔天又再次回到了自己的 Camino 之路，互相道別，各自上路。

9 瘋狂驢子樂園

二〇一五年，六月二十六號至七月一號。

今天預計走到 Carrion de los Condes 小鎮，在那邊歇一晚。到那裡的路上沿路都是灌木叢，沒有樹蔭遮擋著大太陽，這時我抵達了一座迷你村莊 Villarmentero de Campos，看起來只有幾間房子坐落於此地，就在這時，我注意到了右手邊的灌木叢旁，擺了一個手繪小招牌，我被它給吸引了，就是這種招牌，總是給我魔力吸引著我。我心裡想會不會是什麼特別的小店，走進去看看好了。

首先迎接我的是一整片寬廣的大草地，有幾個人躺在樹上的吊床休息，還有小孩和許多動物在草地上玩耍，草地的左手邊才是房屋，這裡是私人住宅嗎？我心想，然後走到房屋外廊，有一對兄弟在下棋，其中一位看見我之後向我打了聲招呼：「嗨！妳打算住這裡嗎？」我疑惑了幾秒，然後瞬間明白，原來這裡是私人庇護所呀！

「也許吧！我才剛走進來，還不知道這是什麼地方。」我告訴那對下棋的兄弟。

「這是一個讓妳不想離開的地方，因爲我們已經在這裡待五天了！」弟弟興奮地說著，接著竟然起身來，帶著我導覽這裡。我心裡想，哇！五天！通常我們走Camino只會在一個地方待一天，喜歡點頂多再多待個一、兩天，他們竟然待了五天！而且這位年輕的朝聖者還不是這裡的主人，竟然主動帶著我介紹這裡的環境，想必他變成小幫手了吧！邊導覽我們邊聊天，這對兄弟來自芬蘭，弟弟才十七歲，哥哥二十歲，兩人也是第一次一起走Camino，感情好得不得了。這兩位兄弟同時也打破了我對芬蘭人高冷內向的印象，他們實在有夠親切又活潑，我們根本沒有冷場的時候，一走進來就破冰變成朋友了。甚至當我提到之後想騎單車遊歐洲的時候，弟弟告訴我，如果妳要做這件事情時，一定要通知我！我也要去！

在這幾天我認識了好多人，有在此已經住了兩個禮拜的丹麥男孩梅格，他高二就輟學拿著打工存的旅費，到處旅行到現在了；還有剛獨自旅行完南美洲，接著繼續流浪到這裡的美國女孩麗莎；和已經走了十五次Camino，來自中東國家的巴杜（問他來自哪裡，他只會回答說他來自Camino，整個人就像從阿拉丁神話走出來的人物）；還有背著二十八公斤重的背包，大學一畢業後就從巴黎不帶錢旅行，徒步到這裡的法國男孩馬力……等等。這裡匯集了各種有著不同背景故事的旅人們。

我們每天都在草原上一起玩音樂，這裡有數不清的樂器可以把玩，有非洲鼓、手風琴、口風琴、吉他……等，我們每天人手一副樂器，每晚都樂聲高歌，有時晚上還會砍柴生火，圍起來聊天取暖看星星。我在第一天和一位來自荷蘭的女生，一起睡在彩繪水管屋子內，睡在裡面很有趣又很舒服，床邊還有一扇可愛的窗戶，是爲了看清晨的日出。而我現在也才知道，原來這間庇護所就叫做日出庇護所（Albergue

Amanecer）。

有一天晚上，這裡的主人們做了一種西班牙加里西亞的道地威士忌 Queimada——是一種混合了水果粒（蘋果與柳丁切丁）、咖啡豆的烈酒，接著倒油、放火、點燃。於是給朝聖者們的祈禱儀式開始了。主人首先唸著一連串祈禱文，接著他會唸出這裡所有人的國家名稱，那個國家的代表者就要出去接手舀起現在的「火」酒！當他唸到臺灣時我真的好感動！我過去舀起火，大家持續地吆喝著，接著換下一位，結束火酒儀式之後，我們就開始唱歌跳舞直到深夜，同時，坐在我旁邊來自法國的馬力，也開始變魔術給我看，他身上有很多有趣的玩意兒，撲克牌、童玩、翻花繩等等，真是一位有趣的傢伙，而且他的髮型是我一直想要擁有的雷鬼頭，他還告訴我說那是他上網看 Youtube 學會自己編的。

這裡有好多的吊床，然後有更多的動物。大鵝帶小鵝最常出現，聽說跟牠們玩的話會被牠們咬呢！還有大雞帶小雞，有時候狗狗會追這些雞玩，還有每天都會不定時登門拜訪的兩隻大驢子，牠們兩隻什麼都吃，只差沒把房子給吃了！有一次咬了我的毛巾，害我找不到，還有一次咬了我的涼鞋差點吞下去，我的朋友和我一起把牠的嘴巴用力扳開，結果這隻驢子竟開始和我們玩拔河，牠死命都不放開我的涼鞋，我都快哭出來了，最後我手突然一放，瞬間，牠也把我的涼鞋放開了，我想那就是驢子的拗脾氣，牠吃軟不吃硬！我差點就要變成赤腳走朝聖之路了！接著這兩隻驢子踩破了一位義大利朝聖者的褲子，趁他在草地上睡覺時……。所以每次只要驢子一跑過來時，大家就會趕快吆喝：「注意注意！瘋狂驢子來了！把東西收起來喔！」

結果，我這一進來，六天之後才離開。

會在這裡留這麼多天，其實還有一個最主要的原因——一個由尼泊爾媽媽和西班牙爸爸組成的混血家庭，加上一個七歲的女兒和九歲的兒子。當天我一走進廚房，就看到他們一家人在用餐，我當時以爲他們是這個庇護所的主人，然後他們的媽媽給了我一個無法用言語形容的微笑，就是那種會讓你瞬間沒有陌生感，融化整顆心的溫暖大微笑，一下子就縮短了我們的距離。這幾天，我都和這家人玩在一起，接下來我要來說說他們傳奇的故事。

10 嬉皮家族

待在這裡的某天，尼泊爾媽媽跟我說起他們的故事，他們沒有房子，沒有車子，因爲整片大地都是他們的家，腳丫子就是他們的車子。媽媽用手指著自己的衣服，還拿出家人的衣服給我看，他說他們從不買衣服，所有衣服都是來自他人，他們充滿愛，熱愛分享。好幾個月前，一家人從巴塞隆納徒步到這裡來，妹妹告訴我：「I like Camino! 我喜歡徒步旅行！」他們一家人都喜歡旅行。

弟弟和妹妹沒有去學校，卻都會講一點點英文，因爲是一路上學起來的呢！有一次妹妹還突然說了一句話，說她想要趕快把英文學得更好，因爲這樣她才可以交到更多的朋友。

爸爸是藝術家兼 Reiki 大師（類似一種冥想的療程），用繪筆賦予石頭全新的生命力；媽媽則樂衷於手作衝浪繩、髮飾、手環和項鍊，然後沿路賣藝籌旅費。

有一天飯後陪著妹妹去村莊散步時，她很開心地牽著我的手說：「You are my sister! 」然後還帶著我去找她在村莊認識的朋友，那時候的我眞的好開心，突然有一種擁有妹妹的感覺，一種超越言語障礙的愛。

因爲當時爸爸到巴塞隆納找朋友了，所以我大部分時間都和媽媽相處，因爲她的英文也在學習當中，所以她教了我許多西班牙文，慢慢地，除了英文外，我們也能用簡單的西班牙文溝通了！

媽媽告訴我，其實他們一家人的所有物資都不是買來的，而是用愛和一路上認識的朋友們交換來的，一切不需要任何利益關係，只要獻出你的眞誠與愛，萬物都會匯集起來。

他們每天都遇到不一樣的人和故事，一切來來去去。我發現，當我們這些旅人們（他們也是旅人）說要離開時，小兄妹倆看不出任何的感傷或捨不得，他們還是笑嘻嘻地迎接新的每一天。我想，這對小兄妹已經從旅行中慢慢體會了離別的意義了吧！與其他小孩比起來有一種被世界教導出的成熟感，與獨特的眼光，並學會了許多在學校學不到的事，因爲他們正在度過一段無與倫比的童年。

他們也一定會非常以自己的爸媽爲榮，因爲我想不久的將來，他們會深深感受到父母親是如何放下衆人的眼光與一切，帶著他們出走體驗世界，給予他們這段用錢也永遠買不到，浪漫又眞實的童年。

11 蒐集聲音的夫妻

二〇一五年，七月二號。

今天一早和尼泊爾媽媽他們交換了聯絡資訊後，我道別了那座樂園，繼續上路。不久後我來到了一座非常小又偏僻的村莊，周圍全是一望無際的麥田，看不到盡頭。

其實從 Burgos 到 Leon 這一帶就是這樣的景色，綿延三百多公里，有人會覺得很單調，但有人會覺得很驚奇又特別，對我來說就是屬於後者。有許多的徒步朝聖者，都選擇直接搭公車到 Leon，因爲這一帶可是什麼遮蔽物都沒有，連樹蔭都沒有，且白天高溫會高達攝氏四十度。有些和我一樣走這一帶的朝聖者，則會選擇夜晚走，白天睡覺，但這樣的條件是你必須有帳棚，不然就比較無法配合庇護所的入住時間。

有關這一帶的地理常識，我是走過 Leon 之後才從別的朝聖者口中得知的，因爲我沒帶半本旅行指南就出發了，一來是省錢，二來減輕重量，三來是有驚喜。

就這樣，我反而很享受走這一段人家看似酷刑的路！因爲就是這段路，我遇見了好多有趣又特別的人事物。

當天抵達這村莊後，簡單地沖完澡和洗完衣服後，就開始例行公事——探索村莊。就算覺得再小、再偏僻的村莊，我還是會跑去探索！除非在住的地方邂逅那種一聊就開了的人，這種偶爾也會發生的，一聊就不想停了，人就是這麼有趣的生物。

然後，沒想到走著走著才沒幾步，好像就繞完了整座村莊？於是我決定走到村外的山坡上去看夕陽，因爲外圍眞的很漂亮，有一種很滄桑的美。

忽然間，我似乎聽到了有人在敲東西的聲音，回頭往村裡看，發現一對男女似乎在尋找什麼東西，男的手中拿著某種器具，對著一台農用機械車的輪胎敲敲打打的。然後，我繼續聆聽，發現他好像在玩音樂呢！因爲他敲得好有節奏感，有一種輕快又愉悅的節奏！

我怕中斷了男生的節奏，於是走過去問女生：「那個男生在做什麼呢？」她說：「我丈夫在蒐集聲音，他手裡握的是麥克風。」

「哇，眞酷。」我繼續聽著，覺得好有趣喔。

男生打玩音樂後，就走過來和我聊天。他是一位音樂家，這次和妻子從芬蘭來到西班牙徒步旅行，想要創造一首以西班牙爲主的歌，歌詞的話會來自沿路的靈感。而聲音方面都是沿途「就地取材」，「是完完全全屬於西班牙的聲音喔！」他自豪又開心地說著。

然後，他拿出一本簿子打開給我看，接著問我

「妳會西班牙文嗎？」

「很爛。」我說。

「那妳會不會唸？」他繼續問我。

「大部分會。」

「我可以請妳用妳的聲音，唸出我翻開的這一頁歌詞嗎？用唸的也行，唱的也行喔！如果可以的話，我也想收集妳的聲音！」

就這樣，我的聲音也被收集了進去。說不定，到時去芬蘭或歐洲其他地方旅行時，在哪間咖啡館或公車上等等任何地方，可以聽到他創作的音樂被播放出來，甚至聽到我自己的聲音！

最後，我們愉快地互相道別，他們繼續前往下一個地方收集聲音，我則繼續往村外的山坡走，走向夕陽，然後忽然覺得，這座村莊，似乎一點都不小了。

12 馬德里老爺爺的一萬一千公里奇蹟

二〇一五年，七月三號。

今天我來到一座小鎮Sahagun，起初，小鎮整排的建築物大同小異、毫無變化的單調水泥房子和街道，整座城鎮了無生氣，眞想再繼續走到下一個小鎮，但是我已經需要休息了。幸好，一件有趣的事瞬間改變這個小鎮的生氣！我遇見了一位裝載著美麗故事的朝聖旅人，一位來自馬德里的老爺爺，他也是徒步，但不帶任何錢，老爺爺說他沒有錢，所以一路的食宿都是人家贊助的，爲什麼沒有錢？因爲他已經走了很久了，從馬德里走到耶路撒冷，接著再從耶路撒冷折返走回聖地牙哥，全程共一萬一千公里，歷經四年，鞋子已穿壞四雙，而且還不是布鞋、登山鞋或涼鞋，而是簡便到不能再簡便的布希鞋，所以現在老爺爺的腳有嚴重的問題，幸好一路都有好心人幫他按摩和療傷。這些線索也可以從他穿的紅色T-shirt背面寫的那段話略知一二：「11 mil kilometros Camino, Madrid - Jerusalén, apoyar el cáncer」（馬德里—耶路薩冷一萬一千公里朝聖，爲癌症而走。）

老爺爺爲什麼要這麼做呢？

因爲他有一個好朋友罹患了癌症，已瀕臨死亡邊緣，他們在很久以前一起許下承諾，要一起展開冒險旅程，但是，還未展開他的好朋友就已臥病在床了。於是，爲了他的好朋友，他開始展開了這場冒險，希望他的好朋友可以戰勝病魔。我和老爺爺之間只能以西班牙文對話，但是我的西班牙文實在太爛，所以很多老爺爺說的話我都聽不懂，但是我們卻還可以繼續對話，因爲老爺爺很可愛，而且他每次看到我都很開心又興奮地喊著：「Taiwan! Taiwan!」於是臺灣就變成他對我的稱呼了。老爺爺這段故事得感謝旅途中，遇到的那些懂西班牙文的朋友翻譯給我的。

接下來的三天我都會遇到老爺爺，直到一次我在超市遇到他，當時我買著食材準備回去煮飯，老爺爺手中則是握著人家贈送給他的食物，我們只聊了一會兒我就先回去煮東西了，在這之後，我就沒再見到他。希望他可以平安到達家鄉，把他精采偉大的冒險故事帶回去給他的好朋友，也許奇蹟會發生也不一定，也許路上的魔法會讓他的病痊癒，然後他們就可以實現一起旅行的願望了。

13 Do not trust anyone 別相信任何人

二〇一五年，七月四號。

我有時候非常雞婆，有時候以爲是在幫助人，結果反而惹來一堆麻煩。今天就在我已登記入住的庇護所裡，才剛要走出去時，正好一位同樣背著大背包的男孩從樓梯爬上來，可是床位似乎滿了，女主人也不知去向，他告訴我說他的腳受傷了，於是我想盡所有能力幫他，我先請他坐下來，然後和他聊天一起等女主人回來。他告訴我他來自墨西哥，沒想到才聊到第二句話時，不知是哪裡來的邏輯，瞬間戳中了我倆的笑穴，一發不可收拾，從此時開始，我們竟無法「正常」講完一句話，每講一句話的第一個字時，我們就開始狂笑，無法停下來，而這個現象持續了快兩個小時，有夠累的！真的笑到快中風的那種境界。但發現女主人還沒回來，我跟墨西哥男孩說：「我先出去走走，待會我回來時我們再一起去吃晚餐吧！」

沒想到我回來時，墨西哥男孩卻不見了！而且當時因爲女主人還沒回來，我們就想說先把他的行李放在床上。結果現在女主人回來了，但墨西哥男孩不見了！我告訴女主人說：「我朋友腳受傷，因爲他在這邊等很久妳都還沒回來，肚子很餓所以先出去找東西吃，應該很快就回來了。」結果到了傍晚，不見人影，再到了晚上，墨西哥男孩還遲遲未出現，直到了晚上十點他才現身！所有人傻眼，女主人更是氣到講不出話來，覺得太荒謬了！睡前，女主人就跟我訓了一些話，用教育的角度告訴我：「Do not trust anyone.（別相信任何人）」當下我真的好難過，覺得「好心被雷親」，但事實上是好像沒幫到一個人，反而還傷害了另一個人！

這真的讓我學到了寶貴的一課。也許我可以幫助墨西哥男孩的，就是陪他聊天或是幫他買東西吃，而不是直接代替女主人的角色，幫他預約位置，這樣反而不尊重女主人。這件事之後，往後更讓我知道如何正確的幫助人，而不是一股腦地，反而會傷害到別人。

14 床蟲

二〇一五年，七月五號。

聽了小班之前給我的建議，直接捨棄登山鞋（我把它掛在我的登山包上）改全程都用涼鞋走，而且幸好我穿的是五指襪可以減少對腳的摩擦，比較不會再長水泡了。另外我還學會了自己處理水泡，現在可以自行用針去刺破處理它，之前一直覺得那根本就是酷刑！後來發現沒這樣做的話，除了走不遠之外，每走一步就是痛苦，而這些也都是一路上跟其他朝聖者們學的，大家都會互相傳遞處理水泡的妙招。也就是這樣，我終於一天走得比一天更輕快，除了學會聆聽心裡的聲音之外，也開始學會怎麼聆聽「自己身體的聲音和節奏」，什麼時候該停下來，什麼時候該繼續走，身體一天也比一天強大，體力也是。

不過這幾天，很怪異的，我的手開始出現一顆顆小紅點，很癢卻不像蚊子的叮痕，而且不知道什麼原因，左手臂也長出許多原本沒有的紅點。擦了綠油精後還是沒有效果，但是我也沒有特別去在意它，想說應該只是普通的蚊蟲叮咬吧。直到我今天抵達了一間叫耶穌之家的庇護所。與我同房的兩個義大利女孩跟我提到了床蟲[4]，她們兩個非常害怕有這個，所以拚命地檢查整張床有沒有附著床蟲。我當時對床蟲還沒有特別了解，所以聽她們說完，我就懷疑自己是不是被床蟲咬，我跟她們倆說我的皮膚最近莫名地出現一點一點紅紅的，而且很癢。

接著她們馬上帶我去見一位朋友，因爲他也被床蟲咬過。他叫做伊格，裸著上半身，有著運動員的身材，五官俊俏，不太說話加上帶點傲氣的冷面公子，我一點都不想認識這種人，所以簡單跟他打個招呼我就離開了。不過這種偏見後來卻因爲和伊格的奇遇而斬除。兩位義大利女孩曾經幫他處理掃滅床蟲的經驗，現在她們倆也來幫我做「大掃除」了。天曉得這到底有多麻煩，他們都說有床蟲是一場夢魘！我得清洗包包裡所有的東西，要將衣服拿去以攝氏六十度水溫清洗，清洗完後還得包在黑色大袋子，拿到大太陽底下曬至少三小時，因爲包括身上的上衣也必須脫掉，於是我就這樣覺得自己運氣已經用盡了，只留下身上僅存的運動內衣和運動短褲讓我自由活動，不過我應該提早認識床蟲這個可怕的小惡魔！

而且這幾天開始，我的心裡已經出現了懷疑人生的回音——爲什麼我要走這條路來虐待自己？處理完

4　床蟲：床蟲是一種會附著在床鋪上的一種寄生蟲，背包旅行特別常見，尤其是眾多人睡過的上下鋪。一旦被床蟲咬到，最明顯的特徵就是開始發癢，然後患部開始出現紅點，奇癢的程度可以說是痛不欲生，如果你又繼續抓患部的話，很容易擴散，嚴重的話會擴散到全身，就是最可怕的境界。得到床蟲後必須趕快處理，以免患區擴散。建議在踏上旅途出發前，在背包放一罐床蟲噴霧器，睡覺前在床鋪上噴一噴，可以避免被床蟲咬到，另外建議攜帶自己的睡袋避免使用宿所提供的公用版。

水泡，現在換床蟲，饒了我吧……。

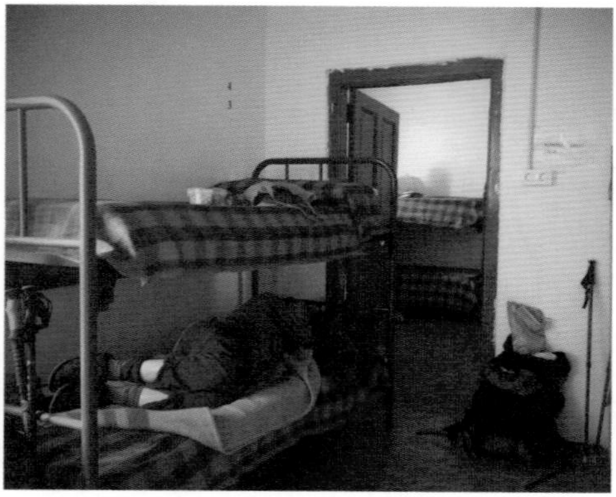

15 眼鏡蛇與韓國男子

現在的我，可是一天比一天享受獨自徒步的樂趣，享受在荒野中與自己對話，享受隨遇而安的心境，雖然說今天遇到了想都沒想到的情況發生。就在我抵達一座小村莊的教堂時，遇見了一位韓國男子，他似乎很想跟我說話只是英文不太好，接著他就跟我一起走，但當時的我其實只想一個人，於是和他走沒多久後我告訴他：「不好意思……我現在只想一個人走。」但他似乎聽不懂我的話，所以繼續跟著我。而這一路上都是荒野叢林，人煙稀少，也很難他將焦點轉移到其他朝聖者上。於是我只好採取不跟他對話，然後越走越快和他拉開距離的方式。沒多久，我往後看，已經沒看到他的身影了，似乎已經被我拋到九霄雲外去了，我終於鬆了一口氣。但很麻煩的事來了，就是我想上廁所！

在朝聖之路上，沿路基本上都是荒野叢林、森林或樹林、高山、步道等等，除非走到有酒吧或餐廳的小村莊或城鎮，不然上廁所大家都是在野外自己找個隱密處解決。於是我決定走進旁邊那一大片長的高高草堆的草叢上廁所，其實離步道還要走幾步路才會到，我心想就算那個韓國男子走到這裡，也應該不會發現我。就在我找到覺得適合的地方準備要脫褲子時，突然間我聽到了嘶嘶嘶的聲音，我的頭往右轉，一條好大的眼鏡蛇正看著我！這是我這輩子第一次看到眼鏡蛇，而且還活生生地與我對看！我嚇到馬上把褲子穿上，來不及上了！當我正要轉身離開時，韓國男子竟然往我的方向走過來，然後開口問我：「妳在這裡做什麼呢？」我心裡眞的很想大罵他，難道我是走進來看草嗎？！

「沒事！我看到一隻很大的眼鏡蛇，趕快離開！」剛被蛇嚇到，現在又被這韓國男子嚇到！眞是幸好我沒被這兩件事同時嚇得屁滾尿流！我只好忍著，趕快走到下個村莊然後找廁所上！

接著我受不了了，再次告訴這位韓國男子：「我想要一個人走，我先走了，¡Buen Camino!」有時候想一個人走也這麼困難！

16 採果子

今天從 Leon 到耶穌之家的路上，發現我前面有個引起我好奇心的人。他的行囊非常少，帶著一隻狗，拿著一根木杖並且背著一個葫蘆，裸著上半身，還穿著涼鞋，看起來已經是流浪很久的旅行者。我整段路上不斷遇到他，不過我們只有簡單地打招呼，也沒有展開對話。直到我抵達了一座小村莊後，看到他在摘樹上的水果吃，讓我想起當時和小班一起走時，他曾經摘水果給我吃，並且告訴我歐洲路邊很多水果都是可以直接摘來吃的，尤其是這種在野外的水果，只要確認他是可食果類，基本上這些都是野生並且無農藥的自然作物。

於是我很開心地也來到這棵樹下準備摘樹上的水果，正當我發現果實的位置太高時，那個旅行者看到我，他拿出一袋裝著好多他剛採的果實，講了一連串我完全聽不懂的法文，不過從他的身體語言大概就是說一起吃吧！於是我們一起坐在噴水池旁邊的椅子上，我也拿出我的堅果跟他分享，然後我們開始享用這份簡單美味的午餐。我們全程搬出自己所知道的英文、法文和西班牙文來溝通，然後能確定的，是我們今天會抵達同一座村莊，不過我還是起身先跟他告別上路了，因爲現在我正享受著一個人的時光，想必他也是吧！但我還是很開心可以認識他，對我來說他就好像《湯姆歷險記》裡的人物！

17 闖入寶藏屋

當天抵達耶穌之家時，突然遇見當時曾經在「與驢子拔河的樂園」變魔術給我看的法國朋友馬力，他正在用植物梗編織一頂帽子。他是從法國中部開始走的，已經走了兩個多月，大學一畢業還沒存到錢，在父母反對下就直接從家門出發了（不過我常常看到他一有空就在跟他的父母視訊通話），他是非常先進的旅行者，背包上掛著太陽能板充電器和一台平板。他說他不想工作，只想旅行，沿路靠演奏烏克麗麗和口風琴，還有在旅途上學的一些雜耍和手工藝賺旅費，旅行有很多方式，不是有錢了才可以出發去追夢，一切的開始還是始於我們心頭的那塊勇氣。

馬力告訴我他在十四歲時，曾經遇到一位不帶錢徒步環遊世界的男人，深深震撼到他深處的冒險靈魂，於是他決定十八歲成年一定要以不帶錢的方式去走朝聖之路。不過在十七歲的暑假他就提前展開，並且徹底愛上這種旅行方式了，然後大學一畢業就告別這些乏味、沉悶的生活，和他已經待不下去的法國（這是他形容的，我倒是對法國很感興趣。），展開環球徒步之旅。我告訴馬力說我在路上也有遇到一位法國人，他帶著一隻狗在走，馬力就說：「我也有遇見他！他是我朋友！」然後馬力就問我，知道他現在在哪裡嗎？我說他今天也會抵達這座村莊。「他平常都會住在教堂或戶外。」馬力說，於是我們決定一起去找他。在找這位法國朋友的路上，我們發現了一間有點特別的屋子，因爲外面有個電話圖示的牌子，但沒有寫任何字樣，我們決定先走進去瞧瞧。

這時一位老爺爺從屋子裡走了出來，是這間屋子的主人，他邀請我們進去。接下來就是一連串的驚奇之旅。這裡簡直像一座名符其實的寶藏屋，有一面牆還布滿著用鐵打造的裝置藝術。老爺爺一邊帶我們導覽解說，馬力也一邊幫我翻譯，把西班牙文翻成英文，馬力說雖然他沒學過西班牙文，但是法文和西文非常相近都是拉丁語系，所以他大略聽得懂，而且在一路上也很快地學會講一些，我眞是心生羡慕，我一定要趕快把西班牙文學好。

老爺爺說他花了十五年打造這棟「電話博物館」，主要以 conversation（溝通）爲主題，從古至今的電話演進，全部實體呈現。接著老爺爺還帶我們進入他的地下洞窟，簡直不可思議，我這輩子還沒有進去過地下洞窟，裡面非常低溫，壁岩間有凹槽的地方還擺放著以前喝酒的杯皿和餐具，好像帶著我們回到了古早的歐洲。爺爺說這裡以前是釀酒的地方，現在都有可以溫控的工廠，以致這些地下洞窟在歐洲所有地方都已不再被使用了。爺爺的地下洞窟裡面還有一個器具，是以前壓葡萄用的，如今也沒有再使用了。在我們探索完爺爺的寶藏屋後，他幫我們拍照留念，然後邀請我們留言，並且有一個寫著「Donativo（自由樂捐）」的電話亭在旁邊，是讓這裡可以持續營運的基金。爺爺說他之前有走過 Camino，牆上還有他年輕時走這條路的照片，照片裡年輕英俊看起來也很頑皮的他，可以感受到他就是這間寶藏屋的化身。

自上一次另一位西班牙老爺爺的寶藏屋，這是第二間。我在他們臉上都可以感受到，他們深深爲自己的作品引以爲傲，還有他們沒有隨著年齡被澆熄的熱情，如果我長大了，有沒有什麼熱愛的事物可以分享給所有人，帶給人們驚喜與喜悅？我把這個問題，還有這裡帶給我的驚喜與喜悅帶在身上，接著道別了老爺爺，和馬力繼續上路去尋找法國朋友。

18 旅行者

二〇一五年，七月六號。

我和馬力來到了教堂，果然找到了那位法國朋友！我們帶他一起回到耶穌之家入住。那到底爲什麼這裡叫耶穌之家呢？因爲老闆本人就叫做耶穌！一開始，我覺得很稀奇，後來才知道原來耶穌這個名字在西班牙很普遍。這間很棒，有泳池、有電腦、有廚房，就只差沒有冰箱而已。晚餐的時候，我煮了扁豆湯並且邀請兩位法國朋友一起享用，然後帶著狗旅行的法國朋友開始用一種植物在做東西，我問他那是什麼，他請我嚐嚐看，是一種天然藥草，可是吃不出是什麼味道，他告訴我說他要做的是蔥油餅！我還眞是一時反應不過來，蔥油餅不是在臺灣才有的食物嗎？這位法國旅行者身上眞是隱藏了很多驚喜。

晚餐過後，我在庭院竟然也遇見了在「與驢子拔河的樂園」認識的丹麥男孩梅格。原來他在那裡待了兩個禮拜後就搭公車離開了，他說他很想家，所以訂了要回丹麥的機票。「我打算回家幾個月，然後再存一點錢，繼續遊歷世界，這是我的計畫。」我好像看見了當時我十七歲時的影子，梅格高中都還沒讀完就離開學校去打工存錢，然後開始到處在世界闖蕩，直到現在已經四個月了，他說這種現象在丹麥也不是少見的案例。他告訴我說在丹麥高中沒有畢業不會是問題，同樣很容易找到工作。在臺灣，這種行爲會嚇壞一堆人，但在北歐青年看來，好像是稀鬆平常的事呢！

19 法國人

二〇一五年，七月七號。

今天離開耶穌之家路過一座橋時，看見橋底下的河流邊有人在戲水，再仔細看了一下，原來是那兩位法國朋友，他們好像在抓魚，於是我跑下去找他們。這河水眞的超冰，馬力跟我說他們沒有抓到魚，不過玩得很開心！然後等等也要繼續上路了，我突然覺得好像在觀賞《湯姆歷險記》。那天晚上，認識了另一位也很享受一個人徒步旅行的法國人，他跟我提到說他也有遇到另一位臺灣人叫做克里斯，很親切的一個人，他走在我們的後頭，我想有很大的機率可以遇到他。這條路走到現在除了可瑞哥，我還眞沒見過半個臺灣人。不過這位法國人有異於常人的走路節奏，他一天走個八十公里說這沒什麼，一點都不覺得累，出發前也沒做過什麼特別訓練。我遇見他時，他已經在吃晚餐了，而且一樣非常講究，吃飯要配紅酒，刀叉都備好，雖然我們坐在簡陋的庇護所交誼廳吃著簡單的食物，不過他自己可以弄得像在法國米其林餐廳吃飯的樣子。法國人對吃飯與美食這件事的講究與態度，眞的讓人折服，我想這也是爲什麼法國料理會成爲世界四大美食的其中原因吧！

這一路上遇見的法國人，沒有一個是不讓我大開眼界的奇葩。

睡前，我一如往常地在當天體力還未耗盡下繼續寫日記。這時候，進來了一個西班牙男孩，與其說用走的，他根本像是用跳舞地進門。

20 不是所有人都看得見的魔幻之地

二〇一五年，七月八號至九號。

這位西班牙男孩叫阿樂，他和我話匣子一打開，停不下來了。他說了好多我不知道的，有關西班牙的故事，像是馬德里與巴塞隆納之間的敵對關係，每年的足球賽，就是起鬨打架的開始。他就像個說書人一樣講得活靈活現，我則是個全神貫注聽故事的小孩，直到我們各自睡眼惺忪去睡覺，來不及說明天見，反正還眞不知道會不會再見。

比起每天早起趕路的朝聖者，我反而是個在朝聖路途上漫遊的尋寶者，我通常都是最晚離開庇護所的，也因爲這樣，我發現了不是輕易就能看見的神祕地方，今天也不例外。出發路上的半途中，我坐在樹林邊歇息，吃著每天在路上必備的優格加麥片、堅果時，看見了幾天前那個也被床蟲咬過的伊格，和另一位朝聖者走過去，心想，他竟然走得比我還慢，眞有點不敢置信。不過也沒想太多，休息完後我繼續前進，不久就看見前方一個罕見的景象，說罕見是因爲這一帶是荒野，只有叢林和森林，離下一個村莊和城鎮都有一段距離，但我的眼前卻聚集了一群朝聖者，每個人大口大口地啃著水果，就像食破天驚那樣，好像這些都是突然從天上掉下來的。接著我看到了餐車，餐車上與四周圍都堆滿了水果和食物，不過全部都沒有寫價格，我眞的是驚呆並且滿臉黑人問號，這時突然有人轉身告訴我：「這些都是免費的喔！而且全部都是有機的！」我聽完後眞後悔剛才在路邊吃了一頓優格大餐。

「小吉！」突然我聽見有人在叫我，轉身過去，原來是昨天跟我說故事的阿樂，看到他眞開心。他告訴我他正在做沙拉，只見他拿著一個大大的沙拉盆和勺子不斷攪拌容器裡的食材，他放了酪梨、番茄、大蒜和一點辣椒，他說這是一種傳統的墨西哥美食叫做「Guacamole」，健康美味，作法也很簡單。接著阿樂指著餐車邊的那個人，開始說起他與這裡的故事：

「那個男子六年前從巴塞隆納來到這個鳥不生蛋的地方，並慢慢將它打造成爲朝聖者的驛站，提供免費的食物給朝聖者們。他從此也過著沒有金錢的生活，這裡沒有電，更別說手機了，水則必須到鄰近村莊扛。」

我們走過去與那個男子聊天，他叫做大衛，他說：「我要打造一個沒有金錢的世界，而這個地方是大家的，沒有人是主人，當我們全人類都願意互相分享時，世界就和平了。」

突然，一個男生走了過來，沒想到是那位也被床蟲咬過的伊格，原來他也認識阿樂了。

於是我們三個一邊享用著阿樂做的酪梨沙拉，配著這裡的德國有機手作麵包，一邊聽著這位神奇的巴塞隆納男子說故事，讓這些簡單的食物，擁有超乎尋常又神奇的美味。

吃完後我們三個坐在大衛親手打造的歇息亭，這裡同時也是他睡覺的地方，接著我們開始進行語言文化交流，結果我們沒多久便開始狂笑，大笑著對方的發音，大笑著原來中文、臺語和西班牙文也有相似處，像是Papá、Mamá（爸爸、媽媽）。然後我發現阿樂對中文很有興趣，他跟我請教了許多關於中文的文字意涵。最後當我們笑得差不多時，各自去旁邊休息，伊格到吊床那邊去彈吉他，接著阿樂告訴我說他很喜歡這裡：「我想我會在這裡待一晚。」我則是還在猶豫不決，第一，我背包裡還有昨天剩下的食物，必須在短時間內加熱解決；第二，我現在生理期，想要做的事是把全身連睡袋全部洗一遍才會感到舒服，可是這裡沒廁所，更別說有洗澡間。於是，我決定背著背包繼續前往今天的目的地——離這裡最近的小鎮Astorga，有六公里遠。看到我背起背包，阿樂和伊格一臉驚訝地問我：「妳要離開了？」

「對呀。」我回答。

「嗯……妳可不可以再教我一下，我的名字在中文怎麼寫呀？」阿樂問我，我心想這下子好像很難走開了。

結果，這一教下去，眞的沒完沒了，所以我決定今晚豁出去了，管他的生理期，管他的沒廁所，管他的沒水沒電，人生有幾種機會能在這種地方住？有什麼機緣會遇到這兩位朋友，這次留下，我想就爲了友誼與神祕境地吧！

那天晚上，我們在夕陽下升火煮了美味的義大利麵，我和阿樂做了沙拉，加熱並再次加工了我昨天的食物，他們都說好美味。傍晚，我們一起等了第一顆星星出來，接著大衛幫我們搬出了兩張床墊，和很多很厚的棉被放在空曠的中庭空地，一個用石頭堆成的大星星裡（因爲晚上可是會冷死人的低溫！），這就是我們今晚睡覺的地方。

「傳說聖雅各[5]就是沿著銀河平行的方向徒步抵達聖地牙哥的。」伊格說。

「這就是爲何聖地牙哥又叫做繁星之城[6]？」我問。

「沒錯！Santiago de Compostella 就是這個意思。」阿樂回答。

今夜，我們三個人看著銀河，數著流星，向著宇宙無邊無際的暢聊……。

「你們相信魔法嗎？」伊格。

「我相信。」阿樂回答。

「我也相信。」我回答。

今天眞的太開心了，所以我沒有辦法完全睡著，半夜時，阿樂醒了過來，我也起來了，我們同時望著星空，這時，銀河更大了，整片天空都被星星點亮起來。

後來跟許多朝聖者說起了這個地方，好多人說沒看過，甚至沒聽過，但它卻坐落在朝聖者必經的路上。

5 聖雅各：耶穌的十二門徒之一。

6 繁星之城：聖地牙哥的西文全名是 Santiago de Compostella，compostella 來自拉丁語 campus stellae（西文爲 campo de la estrella）爲繁星之城的意思，所以又叫繁星之城—聖地牙哥。

04

第四章——加里西亞——迷失

"Not till we are completely lost or turned around... do we begin to find ourselves."
-Henry David Thoreau

「直到徹底的迷失，我們才開始找到自我。」——梭羅

1六公里的奇蹟

二〇一五年，七月九號。

「哈囉哈囉。」一早突然被一個聲音叫醒。

「你是臺灣人嗎？」睡眼朦朧的我緩緩把眼睛睜開，眼前是一位亞洲人正在對我輕聲說話。

「xo@#?? 恩……對阿……X@D#O??」我帶著些許睡意回答，然後驚訝地意識到我突然語塞，連一句簡單的中文句子都無法正常脫口而出，因爲已經連續一個月每天都說英文的關係，我的腦子裡已經慣性地自動用英文思考和拼裝句子，連我自己都感到不可置信，竟然無法正常又自然地講出一句我的母語！

果然，在我面前的，就是昨天那位法國人提到的臺灣同胞克里斯。他人非常好，我們交談了許久，原來他從南法 Le puy 開始走，路程更長，然後他告訴我那邊不只風景超美，而且食物更豐富、好吃，只是相對西班牙來說貴了點，我拿出筆記本記下這個地點，列入清單裡。在我們聊天時，伊格醒了過來，接著克里斯和我道別並繼續上路。

「現在幾點了呀？」伊格問。

「我不知道。」我怎麼可能知道，這裡根本沒有時鐘這種東西，我們的手機也沒有電，所以在這裡，時間是靜止了。

「你不是時鐘嗎？」我說。伊格大笑，我們常常為莫名其妙的邏輯狂笑，聽不懂也笑，這就是所謂超越語言隔閡的溝通吧！其實就在昨天，我已經撇除不想認識伊格的偏見了。

然後我們突然發現阿樂消失了，真沒想到他已經先行離開，有點震驚也有點小難過，我以為接下來我們三個會一起走呢！不過我也慢慢接受這就是所謂的 Camino 模式。

但幸好在昨天已經和阿樂交換了聯絡資訊。

「我們用一種特別的方式保持聯繫好嗎？妳給我妳的姓名和聯絡地址就好，中英文都寫，我們用明信片保持聯繫！」阿樂這樣告訴我，所以我們沒有交換彼此的臉書或 Whatsapp，而是只有對方的名字和地址。

再見了阿樂，明信片上見，我心裡這樣想著。雖然我們沒有說好到底是誰先寄出第一封！

接著我和伊格一起吃完早餐，玩一玩吉他，我開始整理行囊，準備再度啓程。

「妳要離開了嗎？」伊格問。

「對呀。」我回。

「我也是。」

擁別了大衛，我先行上路，至於伊格，以他的速度應該一下就追上來了。當我停在路邊調整背包時，伊格開心地哼著歌走過來，然後我們一起上路。

伊格的英文超爛，我的西班牙文更爛，於是我們一路用英文、西班牙文、加上自創外星語交叉溝通，我們就這樣一路唱歌、大笑、發瘋，好不快樂。原來這世界上還有人可以這樣，用超越語言的方式一起發瘋大笑，接著伊格嘴角上揚，給我一臉陽光的微笑，告訴我「When you smile to the world like this, the world will smile you back.（當妳對著世界微笑，這個世界也會帶給妳笑容。）」並打趣地摸摸我頭上的帽子。

這時候的我真心打從心底好快樂。我們甚至自行發明了外星語對話，然後一路狂笑，一路唱歌。

「妳知道 Lanvender 嗎?」伊格問我。

「恩。」他指的應該是薰衣草。

「跟我來吧。」我們來到旁邊整條開滿紫色植物的小徑，那就是滿滿的薰衣草，我們各自摘了一朵別在衣服上，接著繼續邊走路邊唱歌，再邊用外星語對話，前面走來的一位女士，我們瞬間有了默契，等她走到我倆旁邊時，

「8#$^&(*@^?（小吉與伊格之間的外星語，無法翻譯）」伊格對我說，並且故意提高了音量。

「#$8&%$&(*@^（小吉與伊格之間的外星語，無法翻譯）」我接著回他，並且也故意提高了音量。

等這位女士經過後，我們互看著對方，然後放聲大笑。

走了大約六公里後，抵達一座小鎮Astorga，並找到一間庇護所借用廁所。這裡設備齊全，簡約乾淨，是一家一晚才五歐元的公立庇護所，我心裡想今天晚上就住這裡吧！而且在經期期間，加上昨天睡的上帝之家，沒有洗漱的地方好讓我沖澡、換洗衣物，決定今天一定要好好沖個澡休息。

「你今天要住在這裡嗎？」伊格似乎看出我想待在這裡，但我心知肚明他不會，因爲今天才走了六公里。

「我想是吧。你呢？」

「我必須得繼續走了。」

於是我們拍了一張合照，互相擁別，而當下的我沒想太多，只想好好把自己洗漱一番。

就在他轉身離開後，突然一股很強烈的失落感湧上來，本來以爲這不過又是一次旅人的離別，而且我也才認識他大概一天。

伊格離去後，我在庇護所把該洗的衣物和布衛生棉都洗漱完，覺得一身暢快，看看外面的天空還亮著，歐洲的夏天，太陽都是晚上十點才下班，感覺可以多出好多的時間來做事。本該拿出日記本開始寫日記，或者去找其他朝聖者攀談，甚至到外頭走走，進行我的每日例行探險，但我卻什麼想法都沒了，只剩一句話盤旋在我腦海中：「爲什麼不繼續和他一起走？」我開始感到焦躁不安，於是我做了個決定——明天一早出發追上他。而我唯一可能找到他的東西，只有我們的合照了。

2 翻山越嶺

二〇一五年，七月十號至十五號。

路線：Rabanal del Camino ⬇ Ponferrada ⬇ Samos ⬇ O cebreiro

今天來到了可瑞哥他們推薦的一座可愛小鎮，叫 Samos，鎮上有間庇護所是間大教堂，是我今天晚上要歇息的地方。另一方面我發現自己已經可以在沒有廚房，但只要有插頭的地方就能煮飯了，因爲從臺灣帶來的電湯匙加上鋼杯，再加上保鮮盒，就眞的所向無敵。光這樣簡單的組合，就可以變出美味又簡單的食物。而大部分的庇護所就算沒有瓦斯爐，也會有台微波爐（歐洲人必備的家電）可以使用，我還發明了只要用微波爐就可以做出的洋芋片——把馬鈴薯切薄片，上面灑點鹽，鋪上盤子放進微波爐，沒多久時間就成爲超好吃的洋芋片，還帶點脆脆的口感。而這天我煮了燙青菜和罐頭魚肉，可惜的是這次買到的魚肉特別鹹，但肚子餓什麼都吃得下。晚上我散步到酒吧裡頭，跟我的高中死黨番米，傾訴關於伊格的事情，從電話的另一端，傳來她給我的關懷和無形的陪伴，眞的好溫暖，好欣慰，她說如果我想她，就傳訊息告訴她。

途中經過一座山，我幾乎用「跑」的跑完，因爲天色漸暗，我決定到山下的小鎮 Ponferrada 歇息，在這裡的庇護所認識了一位非常熱情的印度媽媽，她帶著她的青少年兒子一起走朝聖之路，看得出來母子倆感情很好，媽媽熱情地和人寒暄，而當她聽到我沒在山上歇一晚後，瞪大了眼睛看著我，覺得我是不是瘋了：「妹妹呀！妳太瘋狂了，這山路不好走，每個人都會在山上好好歇一晚，隔天才有體力再下山的。」在聽著她述說的當下，我卻一點疲憊感都沒有，才驚覺到我的腎上腺素好像已經超越我的體力了，內心充滿著喜悅感，印度媽媽笑著對我說：「妳應該是我見過全世界最快樂的人了！」接著她繼續說：「晚上我會煮一桌豐盛的晚餐，妳也一起過來吃吧！」

當天晚上，除了我之外，還有幾個朝聖者也被印度媽媽邀請來吃晚餐，滿滿一桌的印度菜，我也感受到了無限的愛和溫暖，這就是朝聖之路充滿魔法與魅力的地方，可以讓人瞬間忘掉一切煩惱。

不過接下來的旅程，沿途的風景越來越美，但我卻越看越模糊，似乎沒有盡頭，直到連自己都快看不見了。

3 來自伊格的消息

二〇一五年，七月十六號。

在找尋伊格的第六天，我來到了朝聖之路被譽爲最美的山頂小村莊 O cebreiro，被其他朝聖者推薦一定要在這裡住一晚，因爲聽說可以看見全世界最美的日出和日落，而且這裡只有一間庇護所，這間庇護所的廁所也是我活到現在第一次看到沒有門的淋浴間，我和好幾個來自亞洲的朝聖者看得目瞪口呆，而有些朝聖者把大毛巾掛在隔間牆上，正好可以變成臨時的門，眞是聰明！但我沒有那麼大條的毛巾，就當我還在思考怎麼面對時，其中一位德國朝聖者告訴我說：「這種淋浴間在我們國家很常見喔！不過放心啦，沒門的一定都是男女分開的。」好吧，我似乎可以理解，於是就當成像日本那種大衆女湯，每個女生都一起洗澡的概念來面對，這樣就不會尷尬了！

接著我在這裡遇見了一組三人成行的朝聖者，是來自印尼的姊姊、墨西哥大叔還有一位健步如飛的葡萄牙爺爺，和他們經過了幾分鐘的相談甚歡後，我不好意思地拿出了我和伊格的合照問他們：「有個問題想請教你們，你們有見過這個人嗎？」我指著伊格，他們看著照片盯了幾秒鐘說：「這男孩好眼熟呀……

讓我想一下，恩……想起來了！幾天前，我們在十字架那邊遇到他，當時他看起來似乎在祈禱。」算了算就是六天前的事情了。

同樣以西班牙爲母語的墨西哥大叔告訴我：「這位男孩曾經跟我吐露煩惱過，是關於感情的事。他有個交往了四年的女朋友，希望他趕快回家，很生氣他走朝聖之路走得這麼久，但這是伊格一直想做的事，他煩惱著女友的興趣跟他不一樣，而且常常爲了這個在吵架，如果他不趕快回去可能就要分手了。」墨西哥大叔說伊格平均一天大概走四十多公里，非常趕。然後繼續說：「我們就只有在十字架那裡遇到他一次，後來就再也沒看見他了，會不會他可能直接搭火車回去了？」

我開始回想，從遇到他的第一天開始，他的步調和我是一樣的，非常緩慢，因爲沿路太多精采的小鎮和村莊了，是那種會讓人不想離開的境地，所以當我們在那六公里後的小鎮解散之後，他必須以更快的速度前進，因爲他的進度已經大大落後。得知了這些訊息之後，我的心情已天翻地覆。

那天日落之時，所有的朝聖者都聚集在村莊外，往山谷看那極致夢幻的日落。

「Marravillosa, no?（很奇幻對吧？）」其中一位西班牙大哥轉頭笑著對我說。

「Si...（對呀……）」我勉強地微笑回答，但心裡覺得好沉重。

「還要再繼續找他嗎？而且他已經有女朋友了。」一邊看夕陽的我，心中開始出現矛盾。

「當然！不到終點不放棄！」這是心中另一邊的聲音告訴我，於是我選擇了後者，因爲非再見到他一面不可的那種決心與日俱增，不管他是不是眞的搭火車回家了，我也願意賭一場。這段追尋他的旅程，讓我的腳程一天比一天快，恨不得直接租一隻馬來騎（因爲沿途一直看到租馬的廣告），也許這速度可以覆蓋過我那焦慮的心情。

4 迷失

二〇一五年，七月十七號至二十一號。

我開始不確定，我是因爲伊格還是我自己來走朝聖之路的，我的終點是聖地牙哥？世界的盡頭？還是伊格？我想我已經迷失了方向，只能硬著頭皮，繼續往前走。今天來到了一座神奇的小村莊，放眼望去，這是人口數不到一百的小村莊，房子都是中古世紀原貌的石屋，走進村落時，一群羊迎面而來，身後又同時迎來一群牛，我就被夾在中間，不知往何方向而去，所幸看見旁邊有一條小徑，趕快穿進去，繞過這瘋狂但又可愛的動物群。我來到了一小片空地，看見了幾位朝聖者，有棵樹上掛著吊床，上面躺著一位朝聖者，他在看書，旁邊還有幾位朝聖者坐在石頭上悠閒地聊天。似乎又來到了一個奇幻境地，進入一間小屋子，裡面好像小型博物館，裡面一排排的架子，架上放了各種語言的朝聖之路介紹文宣，其中有一種語言叫做巴斯克語，我第一次看見這種語言，正要問旁邊的人時，正好一位身穿黃色T-shirt的西方男子走過來，他告訴我說：

「這種語言是世界上最古老的語言之一喔！且一直到現在，都沒能知道它的來源，這個語言只有被使用在法國和西班牙交界地帶，就是巴斯克地區，但卻和歐語系沒有任何關聯，是世界上最難又最神祕的語言之一。」見識不夠廣的我，竟然第一次聽說有這種語言。

「你們是這裡的工作人員嗎？」我問他。因為我看見好幾位都穿著這種黃色 T-shirt 的人員，穿梭在這小小的博物館為每個人服務。我觀察了一下這裡，他們還提供茶水給朝聖者們。

「是呀！」他回答我，

然後另一位也身穿相同衣服的女生，給我一個熱情的微笑說：

「我們是來自世界各地的志工，一起申請來到這個小村莊當志工。這裡是由一個非營利組織營運的，專門在服務朝聖者的！」

「而且，這裡還有提供免費住宿，和豐盛的加里西亞風味晚餐喔！」剛剛為我介紹巴斯克語的男子接續回答。

這讓我想到臺灣的大甲媽祖繞境。雖然說這裡是天主教的西班牙，不過實在有許多相似之處，沿途都有款待這些繞境的朝聖者，還有沿路都可以吃到只有提供給朝聖者的大餐，大甲媽祖遶境是睡在廟裡，可以投隨喜價，相對於西班牙朝聖之路則是修道院，一樣是投隨喜價。另一個差異點是大甲媽祖繞境是一年一次，是季節性繞境，西班牙則是一年四季都可以朝聖，而且從哪裡出發都可以！

「也太酷了吧！還有位置嗎？」我興奮地問他們。

「妳眞的超級幸運，我們剛好剩一張床！因爲這裡不是上下鋪的，是每個人有一張自己的床！我們總共有六張床，每個人一次只能睡一晚。」

睡的地方就在這間外觀不起眼的小石屋樓上，志工帶我到床位，老天，我有多久沒有睡在眞正的「一張床」上了。人類的物欲和知足眞的會受環境影響，如果每天習慣睡國王床，有一天要睡朝聖者的上下鋪應該會受不了！如果每天睡上下鋪，突然有一天可以睡在國王床，那是多麼幸福的事！卸下了裝備，志工對我說：「待會晚餐就要開始囉！妳準備好就可以下來一起吃了！」我向他道謝，志工下樓繼續忙著接待和介紹。

前往餐廳前，我想先到他們的廚房瞧瞧，畢竟，廚房對我來說永遠是個充滿趣味與魔法的天地，「請問廚房有開放嗎？」感覺這裡廚房不是開放的，所以我問了其中一位志工，「不好意思這邊廚房不是開放的，但可以參觀一下沒問題的，進來吧！」只見廚房裡擠了滿滿的志工，每個人都各就各位忙碌著，切蔬菜、擺盤、烹飪，好一個有默契又和平的團隊，像個沒有走音又順暢的演奏會，眞希望我也可以加入他們的陣容，「這裡還有沒有缺志工呀？」我半開玩笑地問他們，「哈哈哈！這裡每年都會徵志工！如果眞的想要，可以透過上網申請，因爲有提供食宿，所以有人數限制，一開放就得馬上報名！」我把這個地方記在腦海裡了。

晚餐時間一到，大夥各自來到飯廳，只見整個餐桌都坐滿了朝聖者和志工們，好溫馨又美好的氛圍。

「各位好，在開飯前我先來跟各位說明一下，今天這頓晚餐是加里西亞風味的晚餐，我們組織每天提供免費餐點招待各位朝聖者，但如果有人想捐助，待會晚飯後可以投錢到捐款箱。」其中一位較年長的志工開話，似乎是這個組織的領導者。語畢，大家拍手歡呼！

「現在每個人閉起眼睛，把手給旁邊的夥伴，讓我們來禱告一下。」另一位似乎也是領導者的女士開口道。

這樣的飯前禱告只要是在修道院，或任何朝聖組織皆是必備的儀式。對我這個無宗教信仰者來說，單純就是件挺有意思，也挺有趣的儀式。禱告完畢後，我望向坐在我旁邊的朝聖者，是一位留著一頭金色長髮，瘦瘦高高的法國人，看起來似乎只比我大一點，應該是二十幾歲左右吧！「你是從哪裡開始走的呢？」我和這位法國人開始聊起天來，他和我一樣從 SJPP 開始走的。法國人說他原本也要住這裡，但是因爲床位滿了，不過他有帶吊床，隨時可以睡在樹上，今天就是打算這麼做，睡的地方就是我一開始看到的那片小空地，然後整個晚餐我們都在開心地分享彼此在路上的際遇。

飯後，洗完了衣物，我決定出去村莊探險，順便消化一下被餵飽的胃，這已經成爲我的例行公事了，每到一個村莊，洗澡完吃完飯，我就會開始在地探索之旅，眞的很喜歡這種自由、冒險又刺激的時刻，這種感覺會讓我分泌多巴胺。只是此時此刻的我，好像沒有平常那麼興奮，取而代之的，是迷茫且透不過氣的心。我沿著一間酒吧的方向走，經過了一間公營庇護所（Albergue Municipal）[1]，旁邊有一片草原空地，可以眺望遠方，於是我走進去，以爲這裡不會有人的，沒想到有一位朝聖者在此鋪地搭帳篷，他正在看書，我瞥了一眼看見書名寫著《The Art of Happiness》達賴喇嘛寫的。我與他簡單打招呼，看起來是個友善的人（從他看的書去推測的），有人說要快速了解一個人，只要看他的書架上放什麼書，就可以略知一二了。我們開始聊了起來，因爲卸下了心防，而最適合傾訴煩惱的人，就屬陌生人，我與他講了伊格的事，我說我是不是這輩子再也見不到他了。然後他告訴我：「我也是一直在找尋我的 The one 呀！只是也還沒找到，但是能怎麼辦呢？我們還是要繼續快樂地過每一天，繼續做自己，並堅定自己的信念。」這位朝聖者來自葡萄牙，是一位非常溫暖的人，與他聊完後，我的心似乎輕快了起來，突然好像不那麼焦慮了。自從這天之後，想念伊格的那種強烈情緒，終於有淡化了一點，雖然還沒完全熄掉，是因爲我還是在等待，並且持續抱持一股強烈的希望，相信能在聖地牙哥遇見他。

1 公營庇護所（Albergue Municipal/de la Xunta）：公營庇護所相對於私人庇護所（Albergue Privado）便宜許多，床位多但設備較爲簡陋。價格一晚五歐元（二〇一五年），據說現今已調漲至八到十歐元了。另外還有教區庇護所（Albergue Parroquial），價格皆爲自由樂捐，還有天主教祈福儀式等特殊的文化洗禮活動。

5 奇怪男子與加里西亞章魚

二〇一五年，七月十七號至二十一號。

自從經過Leon之後，整條路都可以看見一群一群的學生團體，好似全西班牙的學生都出來校外教學了一樣，其中還有好多靑少年團。在經過Sarria之後更不得了了，片刻不得安寧。甚至有人在路經Sarria的必經之牆寫著「Walking from Sarria is not a true pilgrim, Jesus didn't walk from Sarria.（從Sarria開始走的人不是眞正的朝聖者，耶穌不是從Sarria開始走的。）」我看完之後大笑。原來，從Sarria開始走到聖地牙哥就可以獲得Compostela（證書），因而每年夏季一到，尤其是七月二十五號之前，會有朝聖者從各地蜂擁而至，讓整條Camino從Sarria到Santiago呈現人滿爲患的現象。眞不喜歡這種感覺，一坨一坨的人塞滿在路途上，重點是，現在每天都要更早起床開始走，除了搶床位之外，也才可以享受一個人安靜的時光。另一方面還有因爲這一路上，床位量已呈現供應不足的現象，大部分的庇護所現在很早就會掛上了COMPLETO（額滿）這個牌子！沒有早點走的話，就準備睡街頭吧！

想到在這之前，我都大概七、八點起床開始走，現在則是提早四小時，三、四點就起來了！不過呢，很慶幸的是，Sarria之後的道路都是幽靜美麗的山林小徑，有幾天走路時甚至遇不到半個人影。今天我還看見了一隻非常像石虎的動物，躲在樹叢後面與我對看了幾秒，然後快速地跑掉，我都還沒來得及看清楚到底是什麼生物。突然間我就遇到了一位西班牙朝聖者，一位高高的男生，他不太會說英文，但我們還算能溝通。於是邊閒聊邊走，當我們聊到住宿相關時，他告訴我：「我都睡飯店，不喜歡庇護所。」

「爲什麼？」我問他。

他指著鼻子，發出鼾聲。原來啊，他不習慣睡覺有鼾聲四起。這讓我想到追唐達的美國男子鮑伯也都住飯店。沒多久終於來到了酒吧，可以休息喝柳橙汁（zumo de naranja natural），這是我在朝聖之路上最熱愛的事之一，就是走得渾身狼狽，又渴到怎麼喝水都無法解渴，這時候來一杯新鮮現榨的柳橙汁一口喝下去，那冰冰涼涼、酸酸甜甜的液體就這樣往喉嚨流下去，渾身勁瞬間回來！就在我和西班牙男子一同享用飲品的同時，他突然盯著我的嘴巴微微一笑說：「你的嘴唇好美。」我差點沒把果汁噴出來，我心想：「喔我的老天，又出現一個鮑伯了！」於是我開始想辦法找個時機點遠離他。喝完果汁後，我們繼續上路，但我已感覺渾身不對勁，好想趕快甩開他！但他又一直跟我攀談，接著突然間他把手放在我的肩上，

「No!」我用反射性的動作甩開他的手。

「No te gusta?（妳不喜歡嗎？）」

「No!」我血壓已經上升，並加快步伐，以漸行漸遠的速度遠離他，當時心中的恐懼感已經爆表，可

是前後放眼望去竟看不見半個朝聖者和路人，只有那似乎沒有盡頭的小石子路，當我越走越快直到看不見他人影時，開始狂奔，眞的拔腿狂奔！

不過！有件事我絕對不會忘記。這西班牙男子跟我提過：「到下一個城鎮 Melide 時，一定要去吃 Pulpo！」就是章魚！他告訴我這是加里西亞最著名的海鮮料理之一。之前其實就一直聽到有朝聖者提到 Pulpo 料理，而且大家都說加里西亞充滿各式各樣美味的海鮮料理！就讓 Pulpo[2]占據我的腦海吧！我甚至連那位西班牙男子叫什麼名字都不知道。

2 Pulpo：加里西亞區有道傳統的章魚料理全名為 Pulpo a la gallega（西班牙語）或稱 Pulbo á feira（加里西亞語），作法是將章魚清水煮後切片擺盤撒上橄欖油、海鹽和西班牙紅椒粉即完成，做法簡單又美味。

6 美食與美人

二〇一五年，七月二十二號。

這裡指的美人，是美麗又美好的人。甩掉了奇怪的西班牙男子，我終於踏入了加里西亞省的第一座小鎮Melide，果然名不虛傳，「這裡的酒吧跟之前去過的也太不一樣了吧！」我開心想。好多種看起來很美味的食物，千變萬化很多種可以選的tapas，對我來說，在加里西亞之前就是食荒之地，大多數是單調乏味的菜單選項。但是，這裡的食物也比較貴一點，畢竟是海鮮，爲了省下已經所剩不多的旅費，我還是先忍一下好了，因爲有人告訴我終點聖地牙哥的食物也非常棒！

現在來到了離聖地牙哥有四十三公里的小鎮叫做Arzúa，一抵達，連續問了好多間庇護所，全部都客滿！我差點沒昏倒。直到我去問了最後一間，也是最後的希望，「恭喜妳！我們還剩最後一個床位！」謝天謝地。原來，所有的庇護所都被預約滿了！老實說，直到前幾天我才知道竟然可以用預約的方式入住庇護所，但因爲我的手機沒有通訊，只能連Wi-Fi，所以無法打電話，還有我也根本不知道今天會走到哪裡，不過也就是因爲這樣，旅途才會有這麼多的驚喜！於是乎，我就開心地入住這小鎮唯一有空床的庇護所了！

就在我打理晚餐時，一對情侶走過來，「Are you tired?（妳會累嗎?）」女生問我，「No, I am hungry.（不，我很餓。）」然後我們就開始聊起天來了，發現跟這女生滿聊得來的，她男友則是在旁邊靜靜地聽，時而陪我們笑。他倆正在做香料烤雞，叫我等等一定要過來和他們一起吃！然後我發現這個女生講話，像跟我同一個模子印出來的，充滿活力，大聲又帶點激動和浮誇感，眞的超討喜。結果再被他們邀請吃雞肉前，先被一群韓國人邀請去吃晚餐了。自從一個人開始走後，就很常被邀請一起吃飯，前前後後已經被邀請過六次了，第一次在 Amanecer 受尼泊爾媽媽之邀，第二次在是在 Mansilla de las mulas 受一群義大利人之邀，第三次在 Foncebadon 受熱情印度的媽媽之邀，第四次在 O Cebreiro 受一群混和著西班牙和韓國人的團體之邀，第五、六次則是今天一次被兩組邀請。

有時候會很想拒絕，但是在這裡，飯桌時光就是認識新朋友與不同文化的時刻，所以當你接受時，就是在接受一份友誼的邀約，還可以品嘗到不同國家的料理！這位與我相投甚歡的西班牙女生叫做瑪麗，她告訴我說他們明天要直接走到聖地牙哥，大概四十三公里。「大家都說阿，在聖地牙哥之前的所有庇護所都被訂滿啦！」瑪麗告訴我，然後直接拿出她的手機幫我訂了聖地牙哥僅剩床位的庇護所，是一間我找到的唯一有床位的一間，雖然距離市中心還有三公里遠，但是不管了，就訂吧！大聊特聊，大吃特吃後滿足的我們，約好明天一早五點就要起床，一起走四十三公里到聖地牙哥，所以今天吃了三次晚餐眞的是剛剛好！

05

第五章——

聖地牙哥——魔法

"The world is full of magic things, patiently waiting for our senses to grow sharper. "-W. B. Yeats

「世界充滿了魔法，它在耐心地等待我們的意識與感官變得更加敏銳。」——葉慈

1 抵達聖地牙哥

二〇一五年，七月二十三號。

凌晨五點，我和瑪麗情侶檔準時起床，梳洗打理後隨便吃個簡易早餐，就帶著手電筒出發了，外面一樣寒風刺骨，天也還沒亮，星星高掛上空。今天的四十三公里將是我在聖地牙哥單日內的最長徒步距離，但因爲有夥伴一起走，沿途充滿歡笑，時間也過得特別快。在距離聖地牙哥十二公里時，我說了句「Almost there!」瑪麗被我這句逗得開心又興奮，接著順便教了我這句西班牙文「¡Casi estamos!（我們快到了！）」在剩下的十二公里路途上，我們不斷地重複講「¡Casi estamos!」每走一公里講一次，總共講了十二次，我們還沿途拍影片，一邊笑一邊走，我想我永遠不會忘記這句話了。

途中，我們只停留於一間酒吧和餐館，休息吃點東西，其餘時間都在瘋狂地走路，所以我們大約在下午三、四點的時候，就抵達終點聖地牙哥了！等於我們只花了九個小時。抵達聖地牙哥大城的城市字樣招牌下（SANTIAGO DE COMPOSTELLA），我們一起拍照留影，互相擁抱並分道揚鑣，他們將前往幾天前就已先訂好，在市中心的住宿，我則是準備前往我的庇護所，剛好遇到了前幾天一起吃加里西亞晚宴，坐在我旁邊的高瘦法國朋友，他告訴我他住在離市中心有四公里遠的庇護所，就是人多又非常遠的那間。只能說瑪麗對我而言，就是天使降臨，讓我可以住在離市區不遠，一晚才八歐元，有電腦、有廚房、有Wi-Fi的庇護所！只因爲她幫我打了通電話預約！

就在我正要前往那裡時，突然發現，我的腳好像沒有知覺了，然後再低頭看了看我的鞋子，這雙是出發前媽媽送給我的涼鞋，整雙已經瀕臨報廢，我已經修到不能再修，補到不能再補，鞋繩能綁的繩子全都斷裂了。自從Astorga之後的路途，我就把登山鞋塞進背包不再穿，因爲那是在出發前才在臺灣買的，根本像新的一樣，還沒穿軟，磨擦力太大讓我一直長水泡，所以後來都用涼鞋走，而穿涼鞋走的缺點則是襪子一直破，最後破到剩一雙。現在，我只能非常不忍心地把這雙媽媽送給我的涼鞋淘汰掉，再去買一雙了。看完了自己涼鞋的慘況，現在我得再走三公里到今天要入住的庇護所，雖然腳已沒知覺，但還是勉強可以再行走，眞沒想到我的體力眞的一天比一天強大。

而現在的心情也異常冷靜，原本一直在找的那個身影，好像也漸漸模糊了。隔天我在街頭上又遇見了那個一起吃加里西亞晚餐的高瘦法國朋友，因爲他昨天住的那間多人又遠的庇護所，是公營的，只能住一天，所以他今天必須另尋他處，於是我就陪著他找，幾乎問完了所有聖地牙哥的庇護所，沒有一間有空位，然後才發現，街上幾乎所有的人都在找住處，每個人都在互相詢問：「請問你知道哪間庇護所還有空床嗎？」詢問程度甚至有點到瘋狂的境界了！法國朋友始終沒有找到，突然間走著走著，巧遇了當時在

Ponferrada 邀請我吃印度晚餐的熱情印度媽媽！她告訴我，今天下午她和兒子要離開聖地牙哥了，所以在城裡亂晃。然後我們問她知不知道哪裡還有住的地方，她說他們住的那個地方應該還有空床！「雖然那是修道院專門給女學生住的宿舍，但每年到了這個時候就會開放幾間給朝聖者入住。」印度媽媽說著，並告訴我們位置，突然有個荷蘭男子也湊過來聽，這個畫面眞是有趣，他也在找住的地方。「走吧！我帶你們全部一起過去好了！」最後印度媽媽乾脆帶我們一起過去。當我們抵達後，我們大家給印度媽媽一個擁抱，向她道謝，接著她就和我們道別，和兒子去搭飛機了。

接著我陪法國朋友到櫃台登記入住，這時，突然有人按門鈴，我走過去幫忙開門，瞬間一陣尖叫聲「啊啊啊啊！」這不是就是當時在 Burgos，最後一次見面的日本女孩小林！我倆瘋狂地一邊尖叫一邊擁抱對方！這次她帶了兩位日本朋友要一起入住這裡，原來她上禮拜就到聖地牙哥了，後來直接搭巴士到 Muxía 和 Finisterre 玩，現在再次回到聖地牙哥，這種巧合讓我們驚訝到說不出話來了！

然後小林和她朋友們登記完入住後就先行離開了，再次熱情地道別，因爲也不知道會不會再見。

繼續陪著法國朋友辦理入住手續，完成後他開心地問我：「妳有沒有吃過 Churros（吉拿棒）？」

「沒有，那是什麼？」

「來到西班牙一定要吃的甜點！走！我帶妳去吃。」

原來在西班牙，有專賣 Churros（吉拿棒）的甜點店，是一種蘸著糖霜吃的炸油條，配著熱巧克力加牛奶（也可以不加）。於是法國朋友帶我來到當地一家 Churreria（吉拿棒專賣店），裝潢充滿復古歐洲風格。

「怎麼樣？好吃嗎？」法國人問我。

「這熱巧克力對我來說雖然有點甜，但好好吃！」我們兩個都吃的津津有味。超滿足。

「所以妳接下來的計畫是什麼？還會繼續走嗎？」我問法國人，因爲我們已經到終點了。

「我明天要和幾位朋友出發去走英國之路了。」這是他離開聖地牙哥後的計畫，這也成了我們最後一次見面。

與法國朋友道別後，接著要與瑪麗他們小倆口見面。沒想到最後我們還來不及見到面，他們已坐飛機離去了！原因是我們在不同的地方等對方，而且我因爲沒有網路的關係，彼此間無法直接通話，確認各自的所在位置，結果等到後來沒見到彼此。我們原本是約在聖地牙哥大教堂門口見面的，但這個教堂眞的太大了，沒想到他們是在另一邊，就這樣和夥伴錯過。在那之後，我來到了教堂的另一邊，看見了好多群朝聖者在集體狂歡，慶祝他們抵達終點的這一刻。看著他們，突然覺得有一股落寞感，因爲我的朋友們皆已離去，好像沒有人可以一同狂歡了。不過二十六號，可瑞哥將和他妹妹走完葡萄牙之路，回到聖地牙哥和我碰面，我眞的超期待。所以落寞感也很快地消逝得無影無蹤，我甚至對自己說：「就這樣自己一個人歡慶到二十六號吧！」

原本以爲就這樣一個人平平淡淡，安靜地度過這幾天，沒想到這一切，直到再次幫助一個朝聖者找到住處所後，完全天翻地覆。

2 瘋狂的魔法之城

二〇一五年，七月二十四號。

昨天在大教堂等瑪麗他們時，我問了這附近所有的朝聖者是否有看到他們小倆口，沒有人見過。接著，我發現有一位女朝聖者獨自坐在路邊，於是我就走去問她，她說她也沒看見，接著我們開始聊了起來。原來她才大我一歲，來自奧地利，已經一個人獨自完成衆人口中最艱難的北方之路（又稱拿破崙之路），她整個人散發出剛強又充滿自信的氣息。她說走北方之路時，一路上幾乎沒什麼人，一天遇到的人數可能只有個位數（甚至只遇到一個人）。她是我第三個遇到獨自走北方之路的年輕女孩，前面兩個遇到的都是十八、十九歲的德國女孩，她則是我遇到的第三個。（後來走到 Muxía 的路上時，遇到了第四個獨自行走的朝聖者，是同樣來自奧地利的十八歲女孩。）

「她們都好獨立，好剛強喔！」我在心裡這樣想著，也讓我大開眼界。有別於其他朝聖者，她甚至告訴我，其實北方之路很簡單，而且超美、超漂亮！因為海邊就在旁邊，想游泳隨時都可以下去游，想爬山就繼續爬。我心裡想著，果然是東、西方文化的不同，在臺灣的話，一百個二十歲左右的女孩裡，可能才找到一個敢做這種事的人。這位奧地利女孩還告訴我說，沿路上，庇護所眞的不多，常常拿著自己的帳篷就睡在野外。我打從心底好佩服她！

「不過其實我現在正在找地方住，但是似乎所有的庇護所都滿了，這城市也不能搭帳棚。」她跟我一樣，走的是沒計畫的旅行，我們都不會知道明天將會走到哪，更不會知道二十五號聖地牙哥有大慶典，導致所有的庇護所包括飯店，全部都被訂滿了，現在她不知道該怎麼辦所以坐在這裡。

「我知道一個地方，也許他們有空床。」奧地利女孩超開心的，於是我就帶她去。那個地方就是印度媽媽介紹的女學生宿舍兼修道院，櫃檯的姐姐似乎已經認識我了，因爲這是我第二次出現，而且一樣是幫別人入住，不是自己要住，這位櫃台姊姊會說一點英文，我都叫她蘿絲。

不過這次她告訴我們：「眞的很不好意思，今天完全沒有空房了……。」

奧地利女孩馬上用懇求的語氣說：「我就算是睡地上也可以，一個位置就好了，拜託！」

心地善良的蘿絲馬上回答：「不然這樣好了，如果可以找到願意和妳睡同一間房的朝聖者，就沒問題！」我馬上想到日本女孩小林，不過她們已經出去了，也沒有手機可以聯絡，當還在思考還有誰可以時，「我可以。」在我們旁邊等候登記入住的韓國女孩突然說話了。

「哇嗚！」我們一陣歡呼，圓滿落幕。

奧地利女孩開心地對我說：「等等我帶妳去喝一杯！」

不過其實我的肚子已經餓慘了！於是我們決定卸下行李後一起去吃東西。

韓國女孩看我一副很累的樣子，說如果需要，她的床可以先借我躺一下，於是我們三個一起到房間去休息，這也是我第一次見到這個地方的房間樣貌。

「抱歉，我待會可能沒辦法跟妳們去吃東西，有點事情要處理一下。」韓國女孩說著。

「好的沒關係，妳先去忙吧！」於是告別了韓國女孩，我和奧地利女孩就出去覓食了，很快地我們就找到一間有朝聖者套餐的餐廳，十歐元的價格，包含西班牙海鮮燉飯、海鮮湯、紅白酒和甜點。在這裡，這算是很便宜的套餐！如果不是冠上朝聖者套餐的名稱，通常像這樣的套餐至少也要十五歐元起跳。吃完後，我們一起去逛街買鞋子，我的涼鞋真的破到不能再穿了，但是最後還是沒有找到適合的涼鞋，這邊不像臺灣在都市中心很容易找到各式各樣的鞋店。這裡比較多的是各式各樣的酒吧和餐廳！

奧地利女孩倒是找到了一雙她超喜歡的夾腳拖。等我們回到市中心後，想獨自晃晃的那種感覺又來了，這已經變成每天的例行公事，看的出來奧地利女孩也想，我們這點很像，於是就在此擁抱道別。

我決定來去朝聖者世界傳說中什麼都有的 Pilgrim's House 晃晃，聽說什麼好吃的、好喝的、好玩的都有！當我抵達門口時，真心覺得好像童話故事屋，好可愛！手繪風格的招牌寫著「Pilgrim's House」，接著我開門進去，「啊啊啊啊！」突然一陣尖叫聲。

「迪亞！」沒想到出現在我眼前的人，是半個月前在 O cebreiro 認識的印尼姊姊迪亞！（就是告訴我伊格的消息，那原本三人成行的組合。）我們兩個興奮地大叫，衝過去擁抱對方，她似乎比之前更活潑了！在她旁邊的，則是那天在只有六張床位的免費庇護所，遇見的義大利女孩，她告訴我說她也找不到任何可以住宿的地方，於是一樣的，我帶她到印度媽媽介紹的修道院宿舍，最後她也成功入住那裡了，感謝善良的蘿絲，她也很驚訝我可以介紹這麼多朋友過來，然後，迪亞和我，還有義大利女生，相約好晚上要一同去狂歡！我眞心相信這座城市是魔法之城。

在這空檔，我先在修道院樓下坐著，閉起眼睛小睡片刻，等待義大利女生下樓，迪亞則是住在另一間稍微遠一點的庇護所。我在樓下休息等了兩、三個小時，只見義大利女生還沒下樓，她可能不知道我在樓下等她，我決定先直接到演唱會廣場了，然後自己在這裡先晃晃，沒多久就看見迪亞和義大利女生了！於是我們三人開始一同去狂歡，等待煙火秀的開始，老實說雖然我沒有很喜歡煙火，但我喜歡和朋友在一起的時刻。看完了煙火秀後，迪亞和義大利女生想吃點甜食，義大利女生說她知道有間不錯的酒吧，於是我們就在人群中，用力擠出一條路直奔那家店，迪亞和義大利女生先過去點餐，我則跑去廁所，這時我的眼皮慢慢沉重想睡覺了，準備等她們吃完後我就要走回去。

就在我走出廁所的瞬間，「啊啊啊啊！」又一陣尖叫聲，因爲看見旁邊的其中一桌，坐著在旅途上的某間庇護所認識的超活潑瑞士女子豆子、幽默風趣的德國男子尼爾，還有和藹可親的法國大叔安東尼，於是我們開始互相大笑、互相分享在旅途中遇到的趣事還有故事，他們接下來還會繼續狂歡、去聽演唱會，

「喔抱歉我真的不行了！我眼皮太重啦！得先回去睡覺了。」我舉了個投降的姿勢，如果沒有特別的原因，我不喜歡徹夜狂歡，所以和他們道別後，由他們一位來自荷蘭的新朋友陪我走回去，剛好他住的庇護所離我住的也滿近的，抵達庇護所和他道別後，結束了這瘋狂的一天。

3 聖地牙哥大教堂

二〇一五年，七月二十五號。

今天對朝聖者來說是盛大的日子——聖雅各的生日。也就是造成這座城市在這段時間內，湧入了大量的人潮，而且從庇護所到大飯店床位都供不應求的現象。聖地牙哥大教堂裡將舉行從中世紀以來就傳下的神聖儀式「彌薩與薰香搖爐（Botafumeiro）」。教堂將爲我們這些完成朝聖之路的朝聖者們，舉行祈福典禮，於是我、迪亞，與義大利女孩一同參與了這場隆重的儀式。儀式的流程包含每個人排隊拿到「蘸著耶穌血的麵包」，然後吃下去，還有教堂裡負責主持的教士，將會唸出這次完成朝聖之路的朝聖者國家名稱，當聽到臺灣時我心中充滿著激動的、感動的情緒！另外薰香搖爐儀式則是我們最期待的，薰香代表者爲我們朝聖者洗淨身軀與靈魂。雖然說我不是信徒，但教堂裡那宏亮悅耳的歌聲與莊重的氛圍，讓我覺得好像置身在天堂般。

結束了教堂的活動後，我們今天要去朝聖者辦公室（Oficina de Acogida al Peregrino）領取證書，他就在大教堂的另一邊。在領取時，裡面的工作人員問我用什麼方式完成朝聖之路，我回答：「A pie.（徒步）」，然後他再用手寫的方式寫上我的名字（英文）並笑著向我說聲恭喜！證書上的文字都是拉丁文，因爲這是從中世紀就流傳下來的證書，雖然已換過數個版本。看著這張證書，老實說雖然很開心，有點小成就感，但其實沒有多大的情緒起伏，因爲這還不是我的終點。

而就在今天晚上，我將好好地規劃接下來的行程。但是，我做了一件非常後悔的事，就是在衝動之下，我竟然把接續目的地的機票都給訂好了！馬德里、巴塞隆納，還有比利時，計畫是一路從馬德里沙發衝浪到巴塞隆納，最後再到比利時找我的朋友保羅，不過呢！這完全就是個錯誤的決定，因爲我接下來會非常後悔事先安排了全部的行程。爲什麼呢？因爲我即將再次踏上朝聖之路。看來朝聖之路的魔法，已在我身上發生。

4 敍舊與搬家

二〇一五年，七月二十六號。

非常非常期待的二十六號終於到來了，因爲終於要跟一個多月前就在 Burgos 分離的可瑞哥見面了！好多話和故事想跟他分享，雖然少了馬丁和小班，他們都已經回德國了。他和他妹妹剛走完葡萄牙之路，看到他妹妹時，覺得兩人眞的長得好像喔！可瑞哥當時請我幫他們在聖地牙哥訂房，理所當然地我一樣選擇印度媽媽推薦的修道院宿舍。說來有點好笑，那就是我幫這麼多朋友找到了這間位在市區的住宿，但是我卻住在離市區三公里的郊外庇護所，因爲這間修道院的價格對我來說太貴了！於是和可瑞哥他們會合後一起來到修道院，突然間我也好想住這裡喔！於是，我就問蘿絲：「蘿絲，如果我住這邊的話，有沒有可能算我一晚十五歐元呢？」因爲這邊一晚要二十歐元，大方的蘿絲馬上說：「沒問題！不過這是只有給妳的優惠喔！因爲妳帶了好多朋友來這裡住。」我眞的好開心啊！因爲接下來我會擁有自己的小房間，眞的是自己的！可瑞哥他們也替我開心。

接著我就跑回原本的庇護所，把家當全部搬過來修道院宿舍，晚上就和可瑞哥他們一起在屋頂上暢聊，他還拿出了從葡萄牙波圖（Porto）買的紅酒，眞的超好喝的，再加上這裡的屋頂上望出去的夜景眞的是超魔幻，美酒、美景，配上老友，人生如此，夫復何求？

可瑞哥告訴我從在 Burgos 分別後，他、馬丁，還有小班之間發生的故事。他說從 Burgos 開始後的行程，他腳上的水泡又長出來了，只好暫時在一個小鎮休息一天，馬丁則是繼續和一對後來在路上認識的韓國夫妻走，而小班則留下來陪可瑞哥。之後的幾天，他們瘋狂地趕路，因爲小班有時間限制，所以他們每天都得趕三十到五十公里的路程！也因爲這樣，他們更常在路上吵架了！而最後他們雖有再次和馬丁會合，可是之後馬丁認識了一群加拿大人，就和他們一起走了，不過最後又一起在聖地牙哥會合，狂歡慶祝，可瑞哥說有個韓國朋友提議將一件白色 T-shirt 拿出來，然後大家在上面簽上各自的名字，沒想到他們在 T-shirt 上畫了個起司蛋糕，小班還問他們說這是什麼意思呢？（我聽了大笑！）「所以妳接下來要再繼續走對吧？」可瑞哥問我。

「是阿，我打算前往世界的盡頭。」

「何時出發呢？」

「七月三十號。我太愛聖地牙哥這個城市了，打算待滿一個禮拜再出發！」那也就是四天後。

5 德國媽媽

二〇一五年，七月二十七號至二十八號。

今天可瑞哥要帶他妹妹到馬德里坐飛機，所以他們今天就要離開聖地牙哥了。於是一早，我們一起到約好的地方拿行李，之後我們就在街上晃啊晃的，忽然間！有個超熟悉的身影從前面的小巷子消失，是之前在路上不斷遇到的那位德國媽媽！她叫安提。有股力量叫我要去叫住她！可能是緣分的力量吧！

我興奮地告訴可瑞哥，我必須去追一個德國媽媽，去跟她打聲招呼，「去吧！我先帶我妹妹去買紀念品，待會晚點再會合！」我衝過去叫住她，安提看到我後興奮地大叫，然後我們開心地抱在一起，開始分享著彼此這段時間去了哪裡，小聊了一下後，因爲我們各自都有事，安提正在找咖啡廳，我則是要回庇護所等可瑞哥他們回來道別，於是我和安提就約好明天下午兩點，在一間生意很好，又好吃的印度 Kebob 餐館碰面。趁回去等待可瑞哥他們的這段時間，我打算回自己的房間小歇，好好感受一下這完全屬於「自己」的空間。

接著與可瑞哥他們道別後，整個傍晚我完全沉浸在一個人漫遊城市的小旅行，還無意間發現了一間超棒的甜點店，裡面販售著我最愛的「Tarta de Santiago（聖雅各蛋糕）」，是一種有著聖地牙哥騎士團十字架圖案的杏仁蛋糕，只有在加里西亞地區才有的道地甜點。我買了一小塊，開心地帶回去品嘗。

昨天與可瑞哥他們道別後，今天換與德國媽媽安提相聚。我們約在當天說好的印度 Kebob 餐館。於是我們一起點了一份薯條、一道小菜和一份咖哩飯。這種咖哩飯我還是第一次吃到，甜甜的，又帶一點鹹，好好吃喔！只是我覺得他的飯有點多，醬汁都配完了飯還剩很多。安提告訴我，她與她的兒子一起吃東西時也像這樣，都只叫一份一起分著吃。安提說這是她第一次一個人出國旅行，「我好喜歡且好享受這種感覺，這種前所未有的自由感！」我完全同意她！她說她隔天就要回德國了，猜她怎麼回去？她竟然訂了廉價巴士，要從西班牙坐回德國，「車程有十一個小時喔！」安提說。

太猛了，我好佩服她呀！聽到這麼長的車程我都要昏了……！

飯後安提說：「我們去吃飯後甜點吧！我知道有一間非常好吃又不貴的，就在這間旁邊而已。」當我們來到這家門口時，「阿，這間不就是我昨天買 Tarta de Santiago 的甜點店嗎？！這家真的超好吃的！」原來我們看上的是同一家。這一家的甜點有非常多種可以選擇，每一個看起來都非常好吃，「妳選一份，我們一起吃！」安提告訴我。甜點時光結束後，我帶安提去一間我超喜歡又很可愛的雜貨鋪買水果，因爲我發現他們的青蘋果，是我目前吃過最好吃的青蘋果！又脆又甜帶點微酸，還很多汁！這裡也賣非常紮實又好吃的手工麵包。而且老闆會說英文，每次來這裡他就會教我一些西班牙文，安提顯然也愛上這裡了，因爲她後來告訴我，她回去德國之前又有跑來這裡一趟過。

1　聖地牙哥騎士團：創建於十二世紀來昂王國的西班牙天主教軍事修會，騎士團組成目的是爲了捍衛基督教和保護朝聖路上的朝聖者們。

6 一個人的美好時光

二〇一五年，七月二十九號。

現在來說說搬來修道院宿舍後的感受。昨天把所有家當從三公里外的庇護所搬過來這裡時，由一位修女接待我，她帶我來到了我的單人房後，我開心地整個人跳起來，當我把房門關上後，開始在房間跳起舞來，真的太開心了！這兩個月以來，長期要與一群人共用所有的空間，除了自己的床位之外，沒有什麼所謂的個人隱私。現在，忽然有了自己的一間房，而我住的這層樓也幾乎沒有其他人，浴室雖然是公用的，但實際上只有我一個人在用，就連廚房也是。於是我決定好好放縱一下，並且盡情享受與自己相處的時間，重整一下心靈，還有踏上旅途以來發生的種種事情，好好地與自己對話，這段時間暫時不用跟他人共用東西，也暫時不用接觸人群。

「喔～天啊！真是太美好了！前所未有的感受阿！」然後我在這裡一住就是五天。

這也是送給自己的一份大禮物——完全地放鬆，在這裡好好享受一個人的美好時光。在房間裡，我把音樂開大，然後唱著歌，跳著舞，吃著自己做的美食，寫明信片給遠在臺灣的朋友們，好幸福的感覺。這種完全沒有人在監視你、看你、管你的感覺，每吸一口氣，都充滿著新鮮自由的空氣！很謝謝自己給自己這段美好的獨處時光。

另一方面，我也知道，接下來似乎不太可能再遇到任何之前遇過的朝聖朋友，因爲他們不是已經飛回自己的國家，就是繼續去別的地方旅行，所以我也做好了開啓一趟全新旅程的準備了。雖然，心中還是有些期待會遇見之前的朝聖朋友，而我原本一直在尋找的身影，似乎也消逝了，因爲就連在魔法之城都沒遇到。

最後，我把一些不太會用到的物品寄放於聖地牙哥。越走越發現，我們眞正需要的東西其實不多，背包變輕了，整個人走路也更加輕盈，不管是肉體還是靈魂。

06

第六章——世界的盡頭——重生

"The best and most beautiful things in this world cannot be seen or even heard, but must be felt with the heart." -Helen Keller

「世界上最美的事物，看不到也摸不著，必須用心去感受。」——海倫・凱勒

1 磁場

二〇一五年，七月三十號。

修道院的蘿絲告訴我，到 Finisterre 的路途是沒有指標的，所有的指標到聖地牙哥之後就沒有了！

「蛤？我簡直不敢相信。」我驚訝了一下，不過又覺得沒關係，因為到世界的盡頭也只有一條路吧！於是就帶著蘿絲給我的地圖和方向出發了，接著就是一連串的問路之旅，還有人告訴我是不是走錯方向了？最後，終於順利找到了通往世界盡頭的指標，而且沿路都有，蘿絲也許記錯了，或者那是以前的現象，可能為了避免更多人迷失方向，現在都有指標了。

接下來的路上，我開始遇見了其他的朝聖者，我們一起走了一段路。第一個是一位十九歲的英國男孩，他的英語口音和語速又重又快，但至少我還大略聽得懂。接著我們一路上聊著聊著，好像該聊的都聊完了，發現沒什麼好說的了，這種人通常比較多，話不投機，需要長時間才有辦法建立關係，可惜我們都是彼此短暫的過客，於是在一間酒吧停留後就與他分離了，我甚至沒跟他坐在同一桌。

對我來說，每個人都是一顆星球，我們都擁有著自己的宇宙磁場，磁場吻合的人就算離再遠，終究會與你相吸，不吻合的再怎麼靠近，終究會分離。

接下來跟我一起走一段路的是一位女生，目測約三十幾歲，她是瑞士人，所以同時會說好幾種語言，在瑞士的工作是德文老師。我和這位瑞士朋友的相遇是在一座美麗的橋上，那座小鎮的風景超級美的，她請我幫她和美麗的橋留影後，就這樣一路聊到目的地。

途中，我們在森林遇見了一位帶著驢子，一邊在路上擺攤演奏樂器的朝聖者，這是我從沒看過的樂器，樂器旁還擺滿了手工花草植物香皂，是我最愛的手工皂，香皂表面直接就鑲嵌著一朵花，好漂亮，而且我看了價格的標籤，一塊香皂才兩歐元！在臺灣這一塊起碼也要臺幣一百塊起跳，而且我剛好在找手工皂，所以就立馬跟他買了一個，瑞士朋友也跟著買了一個，然後我們再跟這位音樂先生聊了一下，就繼續上路了。由於我們已經各自訂好要睡哪間庇護所，所以就在這個小鎮互相道別了。有時候緣分就是這樣奇妙！我和她比較投緣，卻睡在不同的庇護所，和那位不投緣的英國男孩反而住在同一間，雖然說離開這座城鎮之後，我就再也沒遇見他了。

2 庇護所奇遇

二〇一五年，七月三十一號。

其實我的手機裡下載了一個非常好用的 APP，不用網路連線就會顯示整條朝聖之路上，必經小鎮與小鎮之間的距離，還有每間庇護所的價位、床位、電話、地址，不過有些資訊已經不太正確了，沒有被更新，例如說價位改變了，甚至整間庇護所不存在了，或是有新的庇護所卻沒被更新。

今天來到了一座迷你小村莊，只有零星幾間房子坐落於此，然後我以爲接下來肯定越走越熱，因爲正值八月份，所以我把比較厚的那件外套，還有全身上下唯一的長袖衣褲，都寄放在聖地牙哥的那間修道院了，結果這裡超冷，冷到會刺骨！於是當我抵達後，就連梳洗完後也幾乎都躲在庇護所裡取暖，但我還是不可能眞的都不出去，這對我來說太困難了，我寧願冒著寒冷也要跑出去進行村莊探險。而其實在抵達這座小村莊前，我用手機 APP 得知有間公營庇護所時，自然就朝這家走來，可能因爲時間還太早，我抵達時放眼望去，看起來非常荒涼。「應該是停止營業了吧！」但我還是抱著好奇心決定走進去，發現門竟沒鎖，打開後我走進去對著裡面喊，「Hola?...Hola?... Hola?」我叫了三次，裡面一片寂靜，似乎沒有人在裡面。

然後我開始環視整個室內空間，看見了這裡有一間廁所，裡面竟異常乾淨整潔，而且還有放衛生紙。

我繼續探索這間屋子，發現裡面只有一間房間看起來很像教室，以前應該是一間非常小的小學，然後有幾張床墊被隨意地擺放於地面上，散亂四周。還有一張桌子擺放於牆壁角落，上面放了一本英文版本的書。好神祕的地方，但是眞的太安靜了，瞬間覺得有點毛骨悚然，「我想這裡已經不再是間庇護所了吧！」我心裡想著，但感覺又有人寄宿在這裡似的，如果我身邊有個同行的夥伴，一起住在這裡一定非常有意思！於是我離開了這間庇護所，前往另一家，「天啊！有沒有搞錯啊這家要十一歐元？！好吧！也沒有其他家可以選了……。」我的心裡低咕著。當我走進去時，迎來一堆蒼蠅，整個房間都是蒼蠅！

「這間房間很多蒼蠅在飛！我們已經幾乎殺死全部的蒼蠅了！但又來了很多，眞的很恐怖，要小心！」房間裡還有一對來自義大利的情侶，在我走進去時對我說這句話。我瞬間覺得「眞是個有趣的地方。」義大利情侶檔告訴我他們剛走完英國之路，是條超級美、很值得走的一條路。那不就是法國朋友去走的路嗎？在與他們小聊一下後，我就去洗澡，洗完後準備出去走走，才發現外面天氣已經變了，變得超冷！冷到會結冰的那種。這裡除了我穿短袖外，所有的人都穿長袖。

「眞希望我的厚外套有帶來！」所以決定更要走出去晃晃村子，暖暖身子。然後發現，這座小村莊的房子不到十棟吧！就這樣，我三分鐘就繞完了村莊，然後決定去追夕陽，因爲還是好冷啊！於是我決定往那間似乎不再營業的公營庇護所方向跑，好奇心對著我說再去那裡看一下好了，於是我就奔過去了，那間庇護所的氛圍實在太吸引我了。抵達時，發現門竟然是開的，心想「我剛剛不是有關起來嗎？難道這間庇護所突然開始營業了嗎？還是有人跑進去住了？」心裡好多問號，於是我趕緊興奮地跑進去，看見了一台單車和一個男孩，

我走過去問他：「你今天要住這裡？」

「是啊！」

「眞的假的？可是我原本也要住這裡，結果進來後發現這裡根本沒有人，覺得有點陰森，於是就離開了！如果我知道有人可以一起住在這裡也會留下來的！」他跟我說這裡其實有位管理員，是一位女士，剛剛有來喔！而且這裡入住是隨喜價，投捐款箱就好。我聽了差點沒昏倒，「我如果晚一點來就可以住這裡了耶！」心裡這樣子想。「今天這裡會住大概四到五個人吧！」單車男孩說，他來自巴塞隆納，「我叫Dido。」我們開始天南地北聊起來，他和我同年紀，一路從巴塞隆納騎過來的，我們從西班牙的政治、教育聊到公民，無所不談，跟西班牙人聊天眞是太有趣了！當下的我覺得好快樂喔！他是我在世界盡頭遇到第一個無所不談的傢伙，也因爲他的英文還不錯，那時候的我，眞的非常需要和一個人痛痛快快地聊一番，不然啊，我的心情，可是比這裡的氣溫還冰冷，提不起勁的沉重感。就這樣，我跟Dido聊到一個階段後，

我問他：「你都幾點睡？」

「十點。」

「那現在幾點了?」我應該要在十點回去，不然庇護所關大門後進不去就慘了！

「天啊！現在剛好十點整！」Dido 非常驚訝，我們看了看對方然後大笑起來，也太巧了吧！

「等等！」我準備要離開時，Dido 寫了一張便條紙給我，上面寫著「Estoy muy feliz!」於是我也寫了這句的中文給他「我很快樂！」

「謝謝你跑來讓我度過非常愉快的一晚！」Dido 開心地說。

「我也是！」

然後我們互相道別，他說他兩天後必須回到巴塞隆納，所以我們也許不會再見到面了。於是，我踏著輕快的腳步，一路唱著、跳著，覺得心情好快活，整個靈魂都飛揚起來了，眞的好快樂呀！然後我想了一想，我跟西班牙的同齡層眞的好合得來呀！什麼話都能聊呢！「眞希望可以在西班牙上大學！」我心裡這樣想著，這有沒有可能呢?也許有喔！接著，我飛快地跳舞著回去那間很貴的庇護所後，幸好門還沒關，但裡面的大家都睡著了。

3 新夥伴

二〇一五年，八月一號。

今天我走到了一個蠻可愛的村莊，於是決定住在這裡，因爲這裡也有一間公營庇護所，通常走進去這種庇護所後，都會發生一些驚奇和特別的事物。就像這次找到的這一間，當我走到了櫃檯，發現沒有人，四處望了一下，「奇怪？床鋪在哪？怎麼好像沒房間？洗衣的地方在哪？廁所呢？」顯然這裡只有一個櫃台……。就在我開始困惑時，馬上有其他的朝聖者走過來，告訴我如何入住這間奇特的庇護所。這裡的床分散於不同的房間，自行挑一間喜歡的房間，然後選一張床；浴室和廁所的話則是在另一個地方，然後洗衣的地方在這邊，晾衣服的在這……。

基本上這個庇護所的所有空間都是坐落在不同位置，總之不是在同一棟屋子裡！而是小村莊裡的一塊範圍，很像藍色小精靈住的村莊！因爲連庇護所外觀都是漆成藍色的呢！另外，主人在晚上七點才會回來，到時他會向大家收取住宿費，這也太神奇了吧？還眞是第一次聽到有「先使用，後付費」的住宿地。而就在主人回來前，我已經交了幾個朋友了，其中有位來自韓國的姐姐，她叫做小賢，我和她聊得特別投緣，接著我們又一起和幾個來自不同國家的朝聖者聊得非常開心，然後相約到酒吧去喝幾杯。其實，自從經過聖地牙哥後，遇到的朝聖者都來自四面八方，不再是和我一樣走法國之路的朝聖者了，有些人只單純來走世界盡頭之路，有些人則是走完葡萄牙之路，有些人則是英國之路。而我的新夥伴小賢，她這次是第二次來走法國之路，上一次走是非常寒冷的冬天！

「Let's walk together tomorrow!」小賢非常熱情又興奮地邀約我一起走，本來我是有點猶豫的，但是還是沒有拒絕她，而當時也是因為小賢的關係，大大地改變了我的旅程。世界盡頭之路分兩段，一段是大部分人會走的，直往世界盡頭 Finisterre 的道路，另一條是通往另一個距離 Finisterre 有二十公里的海邊小鎮 Muxía，這個小鎮比較不廣為人知。所以我本來要走世界盡頭之路的，但小賢告訴我：「之前我遇到一位義大利的朝聖者，他走了 Camino 好幾次，發現通往 Muxía 的路是最幽靜美麗的！」

「妳可以試試擲骰子決定。」同桌的荷蘭朝聖者朋友看我充滿疑惑的臉，於是提出這樣的建議。

「還是……，如果妳走 Finisterre 的路我就請妳吃東西！」看我始終做不出決定，荷蘭朋友再次開口了！但我打從心底不知道該走哪條！

於是我決定擲骰子了。雙數代表 Finisterre，單數代表 Muxía。於是我丟了骰子，

「是雙數。」我心裡竟有點失望的感覺，我想我被小賢說服了。

「每次擲骰子出現的，都是與心裡真正想要的背道而馳，然後這時候就會知道怎麼做決定了。」荷蘭

朋友竟說出了完全命中我意的話。
於是睡覺前，小賢跑來告訴我，「我們明天早上五點一起出發吧！」

4 手工麵包、魚與老夫妻

二〇一五年，八月二號。

天還沒亮，現在大概是凌晨五點，我和小賢一起起床準備早餐，吃完後大概六點我們才上路。外面的冷空氣一樣寒冷刺骨，不過眞的很感謝小賢，因爲往 Muxía 的沿途上，景色美得令人陶醉，而且非常幽靜，也幾乎沒什麼人！我們快走到午餐時間時（西班牙午餐時間是下午一點半到兩點半之間），小賢說她肚子超餓的，於是我們隨意地走進一家路邊的 Bar，老闆娘走過來，是一位老奶奶。

「Hola! 我們想要點餐。」老奶奶滿臉疑惑，於是我們再說了一次，但她似乎不太懂我們到底要什麼。「我們是不是來錯地方了呢？」我和小賢用眼神意會一下彼此，而老闆也走過來了，是一位老公公但他沒有開口說話，他們倆應該是夫妻。小賢因爲太餓了，所以還是決定點了一份 Pilgrim's Menu（朝聖者套餐），我們比手畫腳地點餐，老奶奶似乎終於懂了，於是她走近了廚房，雖然說我們還不知道餐點是什麼，就像是叫了無菜單料理那樣令人既期待又怕受傷害。我爲了省錢所以沒有點餐，還是堅持只吃優格加燕麥和水果，這是我在朝聖之路上每天固定的午餐。我們等了有些久，因爲老奶奶是全部現煮的！

更令人驚豔的來了，老奶奶端出了一大盤看起來超新鮮又美味的大尾魚，配上馬鈴薯和對面一位麵包師傅今天剛烤出爐的手工麵包，超鬆軟，和主食搭配在一起眞的是人間美味，因爲小賢覺得太大份了，直接分了一半給我吃，我是不是一路在騙吃騙喝！這時候，店裡走進了一位可愛的法國老公公，也是一位朝聖者，一進來就和我們打成一片，炒熱氣氛，好希望我可以懂法文，就可以了解他更多了。

接著更可愛的畫面出現了，我和小賢一邊吃，一邊看老夫妻像在演電影一樣，一齣溫馨愛情喜劇片。老奶奶也端出了一份美味的餐點走向他似乎不會說話的老公，然後一起坐著享用。看起來好幸福的兩人，他們一定很相愛，雖然老公公不會說話，他只能用喉嚨發出氣音，但老婆婆似乎全都聽得懂，我和小賢邊吃邊覺得眼角濕濕的，好感人又可愛的畫面，他們的愛就像老奶奶煮的菜一樣，讓人驚豔。

5 終於看見海

我們已距離 Muxía 不遠了，當我們抵達一座小村莊時，忽然間我瞥見了路邊草叢中的一個招牌，一看就是用手工鐵藝品做成的招牌，接著我們走到了看起來是正門的地方，門上掛了許多手繪、手寫的牌子，有寫著 REIKI，有寫著庇護所等等。我非常興奮，想進去瞧瞧，甚至有個念頭閃過，今晚乾脆住這好了！

「我們今晚住這裡妳覺得如何呢？！」我興奮地問小賢。

「對不起小吉！我今天一定得抵達 Muxía，剩下一點點路程而已，我們一起抵達好不好？」小賢說。

我當時很想陪小賢走到 Muxía，她也希望有我的陪伴，於是就決定把這個地方銘記在心裡，回程或是下次來走的時候一定要來住這裡！就在我們走了差不多十公里後，「是海！」我們倆大叫，終於看見海了，真的好久沒看見海了！這種感覺真的好震撼，從南法開始走，靠自己的雙腳橫跨西班牙北部，直到看見這片海，這種感覺真的太奇妙、太特別了，有點像拿破崙發現新大陸那樣，本來都是海但終於看到陸地，而我們是相反地，終於看見海。

然後我們在差不多晚上九點的時候才抵達 Muxía，幾乎所有的庇護所都客滿了，最後只剩下一間每晚要價十一歐元的！雖然覺得好心痛呀，這種價錢，但已經累到想不了那麼多了！結果，殊不知我也與這間庇護所結下了美麗的友誼，這間庇護所叫 @Muxía。我和小賢決定梳洗完早點休息，明天要來當一日觀光客！

6 尋回

二〇一五年，八月三號、四號。

今天和小賢一起排滿了一整天的行程，其實就是很隨興地當一日觀光客。我們主要去參觀這裡最有名的海邊教堂，晚上我們一起去吃了@Muxía老闆女兒的男友推薦的，當地便宜又超好吃的小餐館。最後我們還一起到一家我昨天才來問路的甜點店，主要是他們的甜點櫥窗實在太吸引我了！每一樣看起來都超美味，而且就連裡面的工作人員都超級友善。我決定記住店名，一抬頭發現這間店就叫做伊格（Ig），我的心臟瞬間有停止跳動的感覺，但心情又像大海般突然豁然開朗，心想這也太巧了吧。「雖然我最終沒有找到你，甚至還迷失自己，但謝謝你讓我找回了自己。」我心裡想著，也許這就是跟伊格的最後一面。

接著我和小賢坐在甜點店靠窗的位置，享受著最後的美好時光，天南地北地聊，我們談了好多事。然後小賢告訴我：「小吉，妳擁有一顆人人沒有的開放心胸。」這讓以前總是很懷疑自我價值的我，更加肯定、喜歡自己這些特點，慢慢地，也越來越喜歡自己了。

最後在離別前，小賢特地爲了我辦了一個Line帳號，以維持彼此的關係，明天一大清早，她就飛回南韓了。

7 @Muxía

二〇一五年，八月五號至七號。

接下來的這兩天，我幾乎都待在室內寫明信片給臺灣的家人、朋友們，不過對人的好奇心和想講話的天性是無法壓抑的，所以慢慢地和這家庇護所的老闆們聊起天來。正好他們只會講西班牙文，我可以更加好好地磨練磨練我的西文程度了！

然後我才知道原來這是一家由爸爸、女兒、女兒的男友、朋友們一起互相幫忙經營，從去年才開幕的一家新的庇護所！女兒的名字叫貝格，雖然說我們在對話的過程中，有時候得靠谷歌翻譯才能理解彼此，但經過這幾天和他們相處，我們成了好朋友。還有另一個當時在路上認識的可愛法國老爺爺，不過很可惜的是老爺爺只會說他的母語法文，所以每次我和他的對話就只有「Salud!」、「Trés bien!」、「C´est bon!」、「Bon nuit!」，每天重複循環這幾句話。

然後有一天，老爺爺突然邀我一起去看瀑布，說有一座美麗的瀑布在距離這裡大概三公里，我們可以坐計程車去，他說他可以幫我分攤車費，我當時聽了瞬間很開心又驚訝，但沒有其他夥伴同行，所以我就婉拒法國老爺爺了。有些時候還是保留點距離是最美的！雖然心裡頭還是有個聲音告訴我，跟著老爺爺去一定會有精采的回憶和故事，但同時也有個聲音阻止我去，就這樣子，我沒去了，但也沒什麼好後悔的。我想，有時候靠直覺行事不一定不好！

在 @Muxía 悠閒地待了幾天，和老闆一家人拚命聊天並且練習西班牙文，到了一個我覺得差不多要休息的狀態後，我再次背起背包，正式啓程前往世界盡頭——Finisterre。但我決定只要在那邊待個一、兩天就再走回來 Muxía，因爲老闆們告訴我接下來有難得的 Muxía 當地傳統慶典，當天會有一隻很大很大的魚可以免費吃之外，還有很多好吃、好玩的攤位！

「要記得回來喔！」離開前老闆他們特別交代我。

8 世界的盡頭

二〇一五年，八月七號、八號。

在走到世界盡頭的路上，我看見了一個特別的地方，很像之前遇到的那間像是有魔法一般的「上帝之家」，裡面也供應著茶、水果等食物，在服務的這位男生也是朝聖者，他是從法國出發的，「這裡很多志工來自四面八方不同國家喔！」他開心地告訴我，我也同時發現旁邊放了一個鼓，於是我加入了他們的陣營，和他還有其他的朝聖者一邊開心地聊天，一邊打起鼓來，結束後我再度背起背包跟他們道別，繼續上路。

走沒多久，我終於看見了世界盡頭的里程碑了，上面寫著「0 km」，沒想到我真的靠自己從南法一路走到這裡來，應該有九百公里了呢！沿著海岸線，我一直走，直到抵達世界盡頭的海角，看著這片和天空一樣沒有盡頭的藍色海洋，它們的顏色已經深藍到交織成海天一線了，我的心是什麼感覺呢？那是一種壯碩遼闊的孤獨感，就好像你看見了全世界最美的風景，但是卻只剩下你一個人去獨享它？這種感覺已經逼近沒有感覺了。爲什麼會這樣呢？因爲我想起了我的家人、我的朋友、想要跟他們分享，可是我的身邊卻沒有半個人，這是空虛感嗎？我自己都不知道。我的心處於異常的平靜和無感狀態。最後，我拿出了我那雙長筒五指襪，掛在一個大電線桿上，上面掛滿了所有朝聖者遺留下的物件，是任何一件代表自己的朝聖之路的專屬物件。然後我坐下來繼續望著這片海，心想：「我應該把媽媽給我的那雙涼鞋留下來的。」傳說，只要抵達世界盡頭的朝聖者，把全身上下的衣服脫下來，裸著身，然後用火燒掉在此地睡一晚，隔天所有的罪都將洗淸，此時的你已是重生。

接著，我轉身離開了這裡，往今天要入住的庇護所前進。抵達時，與坐在餐桌上聊著天，同樣都來自巴塞隆納的三位年輕人打招呼，其中兩個女生是一起走的同伴，另一位男生則是和我一樣獨自上路的，不過卻也是讓我無比敬佩的人物。我發現他是瘖啞人士，必須要帶輔助器才可以聽到外界的聲音。他講話的時候也沒有那麼淸楚，然後他告訴我：「妳可以跟我說英文沒關係，這樣我才能進步更多。」瞬間，我被他的態度深深地觸動，他非常積極地想要學習，而且是外國語，隨時隨地都在找人練習，於是我和他開始簡單的英文對話。這是我第一次遇到獨自出來旅行的聽障者，而且才十九歲，他的家人眞的好偉大，似乎一路上大部分的人都會擔心的危險或困難，在他看來都不是什麼問題，所以我原本要問他的一些問題，也就沒問了，他的態度已經回答了一切，因爲我想對他來說，那些都不是問題。只要你眞的想做一件事時，是不會存在「阻礙」兩個字的，取而代之的，是「魔法」兩個字。

9 Muxía的傳統慶典

二〇一五年，八月九號。

今天是走回 Muxía 的日子，當我抵達時已經快晚上九點，原本要跟 @Muxía 的貝格說今天要回去住的，但想到之前就已經說好她應該不會忘記吧，當快走到 @Muxía 時我才傳訊息給她，結果貝格眞的忘記了，應該說她以爲我今天不會回來！那就表示我今晚沒有床位了，我太晚說啦！就在我以爲要準備露宿街頭時，還好問到了一間還有床位的庇護所，等著明天重要日子的到來。雖然沒住在貝格他們這邊，不過我們約好隔天晚上要一起來吃大魚餐，牠將會晚上九點出爐！

隔天一大早，我就興奮地爬起床，準備好衝到鎮上，感受一下小鎮慶典的氛圍。當我來到街頭時，發現已經擠滿了人潮，當我正興奮像是劉姥姥進大觀園一樣到處看，突然間我的十二點鐘方向，約一百公尺有一位朝聖者，背包後面掛著扯鈴，「這個背包，這個玩具，怎麼這麼面熟啊？」我心裡想著，突然間法國朋友馬力閃過我的腦海，最後一次見到他是一個月前了。「美力！」我大喊他的名字，因爲他的名字眞的太難發音了，其實我一直把他的名字叫錯，「美力！」還是沒轉頭。

「馬力！」他終於轉頭了，我把音發對了。他非常驚訝地說：「小吉！我以爲妳回去臺灣了！」

「我也以爲你已經離開西班牙了！」能在這時候遇到一個月前的夥伴，眞的是太奇妙了，我以爲再也不會見到這傢伙了，我以爲他已經走到非洲去了。

我們開始暢聊這一路發生的事情，然後馬力說：「我現在住在一間超酷的庇護所，妳一定也會愛上，我已經在那裡待一陣子了。」然後他告訴我那個地方的名字和位置。「怎麼這麼熟悉的感覺，該不會是我和小賢走的時候路過的那間庇護所吧！」我心想「不會這麼巧吧？」帶著極爲震驚又歡喜的心情和馬力道別後，他說「那就等妳來了！」於是他先走回去他說的那間庇護所。我則是繼續等到夜晚的大慶典降臨，心裡同時想著：「這個 Muxía 眞是太神奇的地方了，本來想說如果還有一點時間的話要去葡萄牙的，我想我的計畫可能得改變一下。」

和貝格一家人約在烤大魚附近的一個攤位，老闆爸爸，現在已經像是我西班牙乾爸爸了，帶著我去認識他們的朋友，接著我們一群人跑去狂歡，還喝了當地的超強烈酒 albariño（中文直翻叫爽快），結果眞的一下子就讓人爽快，喝完馬上跑廁所只差沒有馬上嘔吐，全身上下好像在天旋地轉，雖然說我平常不喝酒的，但很愛嘗鮮，這麼有趣的東西我不管他就給他灌下去，西班牙朋友說，這種酒很多人一喝馬上醉！我想我還是挺會喝的，因爲我只暈了幾分鐘之後就醒過來了，不過對我來說一杯就夠了！

最後我們一起去排隊領烤魚，每年在這個慶典，漁夫們會去捕一條超級大，重達三百公斤的魚，這種魚在市場上可是貴到吐血，但是今日則是免費料理給所有人吃的！

最後，因爲在這裡遇到一個我以爲再也見不到的 Camino 朋友——這個正在不帶錢旅行的馬力——就因爲這樣，本來想說接著去走葡萄牙之路的，臨時改變方針，決定不去了！

07

第七章——千年修道院——依戀

"There are no shortcuts to any place worth going." - Beverly Sills

「值得去的地方，都沒有捷徑。」——貝佛麗· 希爾斯

1 重返

二〇一五年，八月十號。

我回去馬上查了馬力給我的那家庇護所名字，看了一下google的照片，「咦？看起來怎麼不太像那個地方。」我心裡想著。不過無所謂，反正明天我是去定那裡了。接下來就是一連串像愛麗絲掉進兔子洞的神奇際遇展開了。

這個庇護所就坐落在距離Muxía二十公里的小村莊，而他的方向其實是往聖地牙哥的方向，意思就是我要重新折返，往回走的概念。隔天一早，我背起背包馬上出發，很快地我就抵達門口了，一看，「這不就是當初和小賢路過時，那間我很想進去的庇護所，外面掛著很多手繪招牌的大門，還眞的是這裡！」沒想到我眞的重返這裡了。原來和自己磁場相吸的那些人事物，時間到了自然會匯聚，尤其在這充滿魔法的朝聖之路上。我走了進去，一開始映入眼簾的首先是一座中古世紀的中庭花園，旁邊坐了幾位朝聖者，眼睛一瞥其中一位，那不就是馬力嗎？「妳終於來了！」馬力說他就知道我一定會過來，他正在用皮革做皮夾，是當時他和修道院其他夥伴去中古世紀主題市集擺攤剩下的皮料。

「當然啊！聽你那樣說，我怎麼可能不過來呀？對了！這個地方需不需要先登記入住呢？」我問馬力。

「不用，妳就跟主人講一下就好，然後她會帶妳去鋪床，基本上住在這邊就是看妳要用打工換宿，或是捐款的方式換取食宿。捐款箱在那邊，隨喜的。」我越聽越覺得這真是個神祕又奇幻的地方，

「This is my place!」當我走進去屋子的大廳時，我不禁倒吸一口氣！這大廳有面牆是書牆，牆角還有我最喜愛的壁爐，旁邊還放著一瓶水壺在燒，地板則鋪著一片大大的波斯地毯，另一面牆則是放了許多的手工藝品和手工香皂；再走進去是沙發區，這裡放了許多樂器，有吉他、鼓等等，想必是大夥聚集玩音樂和交流的地方。我繼續探索這個地方，這時我來到了後院，看見三個和我年紀差不多的年輕人正在邊玩耍邊砍材，他們看見我的亞洲面孔超級興奮，「我們從沒在這裡看過亞洲人！」他們馬上跑過來和我打招呼，其中兩位男生是西班牙人，來自瓦倫西亞，另一位女孩來自祕魯。

「眞的嗎？這裡沒有亞洲朝聖者來此地住過嗎？」我問他們。

「我想一下，啊！好幾個禮拜前好像有一個，但是就眞的只有一個！而且他只待一下子就離開，甚至沒留下來過夜。」其中一位西班牙男孩說，並繼續一邊砍材一邊和我聊天。

接著我開口問：「我可以試試看嗎？（我指砍材）」

「好啊！」於是我加入了他們的砍材陣容，玩了一段時間後我們準備去休息。其中一個叫做布爾哈的男生，留著茂密又長的鬍子，瘦瘦扁扁的身材，整個形象有點像耶穌，他跑去拿吉他請我到大廳來，說他

要演奏一首歌曲，他的兩位好朋友偷偷告訴我，說這是他新創的歌曲，布爾哈的個性開朗大方，卻似乎有什麼不可告人的小祕密。他開始彈奏曲子，原來是一首特別爲他女朋友做的歌，三位好朋友中，他的女朋友就是這位來自祕魯，叫做摩卡的女孩。年紀輕輕時就隨家人移民來西班牙了，就像許多南美洲國家家庭，因爲經濟和國家動盪關係，選擇舉家搬遷來到西班牙追求更好的生活。摩卡有著移民的背景，皮膚曬著健康的古銅色，瘦瘦的不高，不過全身散發出一股雖然我像是居於弱勢，但是絕不允許被別人欺負和打敗的氣勢。

另一位男生則是這間千年修道院創辦人的姪子馬克，平常放假都會來這裡幫忙，一頭長髮盤捲起來的武士頭，給人的第一印象就是非常沉穩、話不多，儘管臉上穿了洞，戴上了耳環、舌環，不過卻是個非常溫柔的大男孩，同時帶點陰柔的個性。我們聽完了布爾哈彈奏完歌曲後，女主人帶著我去入住的房間放東西，打理一下，待會要準備吃晚餐了。這間修道院住了將近有二十人，其中超過一半都是朝聖者，很多都在走完後停留在這個地方好長一段時間，最久的兩位分別來自愛爾蘭和捷克，他們已經在這裡一、兩年了。這個地方有某種魔力，會吸引特定的人過來，然後讓人離不開。我則是在這裡一待，接近一個月後才離開，雖然原本計畫是只待一個禮拜的。

2 千年修道院的黑暗歷史

二〇一五年，八月十二號。

「我有時候會在這裡看到一些平常人看不到的東西。」某天，其中一位女朝聖者告訴我。雖然說我還沒在這裡看過什麼東西，但聽完她這樣說後，還是起了點雞皮疙瘩，這個地方晚上幾乎是伸手不見五指，沒有任何燈光，我住的這棟與修道院主棟隔著中庭花園，我們這一邊沒有廁所，而且我房間是開放式的上下鋪，平常我沒有什麼室友，因爲住這間的室友大部分是像我這樣的朝聖者，來來去去，只有隔壁房間住著一位和藹可親的爺爺叫做大衛，他每天都會彈吉他唱歌給大家聽，很是好聽，其實有他在我安心了許多。但是晚上要起床去上廁所就眞的會害怕，因爲要跨過完全伸手不見五指的走廊和中庭，才能到達位在主棟裡的廁所。「妳看到了什麼？」我問那位似乎在這裡住了很久的女朝聖者。

「這間修道院有個非常黑暗的歷史，以前當這裡還是正常營運的修道院時，以教條與常規來說，在這裡的牧師和修女是絕對不能通婚的，但有好多對私底下發生關係之後生了小孩，因爲絕不能被發現，所以把這些小嬰兒全都埋在修道院的地下室。」所以這位女朝聖者看到的東西，就是嬰靈。

原來，我住在一間乘載著這樣黑暗歷史的千年修道院裡。

3 回到中世紀

二〇一五年，八月十三號至二十八號。

「嗚……嗚……嗚……」一位義大利女住客拿起號角吹起來，這是用來叫大家吃飯的工具，因爲這裡太多人，地太大，甚至還有農田，所以必須用這個方式，就像回到了中古世紀的歐洲一樣！今天是第一天在這裡吃晚餐，這時走過來一位年近六十歲的媽媽，她給了我一個非常溫暖的微笑並和我打招呼，我的心瞬間被融化了。不久後我就和她成了忘年之交，我們常常一起窩在廚房裡煮飯給大家吃。這裡的工作內容就是大家自由選擇，可以選擇煮飯、打掃、種菜、做果醬、做麵包等等的工作。像是這裡的麵包，是由一位義大利肌肉男手揉烘焙的，因爲人多的關係，他每天晚上都熬夜製作大量麵包，是我們這裡的超級麵包師傅！他做的麵包眞的非常好吃。而因爲我非常喜歡料理，所以也很常在廚房工作，每次做臺灣料理都被大家狼吞虎嚥地搶光，我做了咖哩蛋炒飯、醬燒肋排、蒜頭雞湯等等，還有蘋果肉桂果醬，大家都喜歡吃我做的食物，我覺得好開心！做果醬的那天尤其好玩，馬力和我一起去採蘋果，這裡種了一顆非常大的蘋果樹，大衛教我們採收蘋果要用搖的，搖幾下蘋果樹，掉下來的就是熟成的，通通可以拿去做果醬。我們撿了一籃，回去做了好幾罐果醬，馬力負責削蘋果皮，我負責切和熬煮，煮了快和我同高度那麼大桶，應該夠修道院吃一年了！

接著最有趣的部分來了，有一天修道院裡快沒水了，馬力告訴我：「走，我帶妳去水井裝水。」

「水井？」

「沒錯！在往農田那個方向。」馬力和我，一人扛著一個水桶準備去裝水。

沒多久我們就來到一口水井，裡面的水好冰也非常乾淨，甚至有隻蝸牛在井口旁邊慢慢地悠閒爬著。

「這口井非常乾淨好喝，修道院千年以來都存在的一口井。」馬力一邊說著，我們把兩個水桶都裝滿然後走回去廚房。我心裡實在太震撼，現代還有人是用水井取水喝的，雖然說我覺得在這裡是時空交錯，我其實是來到了一個中古世紀的修道院了。

另一方面，西班牙媽媽常常帶著我去樹下跳舞，她以前是舞后，連 Youtube 都有她當時舞蹈比賽獲得亞軍的影片。還有西班牙媽媽眞的非常喜歡樹，她教我抱樹的魔力並且告訴我：「當我難過時，我就會抱抱樹，跟她對話，心裡就會平靜許多。」

另外，我也常常和西班牙這三位好朋友、馬力，一起走路去海邊玩，慢慢地我也發現這三位朋友間微妙的關係。雖然布爾哈和摩卡是對情侶，但常常吵架，而且一吵起來就很兇，馬可則與摩卡關係好到像粉紅知己，但馬可與布爾哈之間卻鮮少有交集，他們的關係似乎是繞著摩卡在打轉的。幾天後，又來了一位義大利男孩，加入了我們的陣容，這裡可是越來越好玩了。

另外還有那兩個待在這裡最久的大哥哥，睡在Hórreo[1]裡，Hórreo是加利西亞傳統的倉儲，以前是爲了防範老鼠和其他嚙齒類動物，所以建築的四角會架高，裡面通常放玉米、馬鈴薯等乾糧，但因爲現在有冰箱了，所以現今保留下來的Hórreo大多作觀賞用，也讓這個寶貴的傳統文化得以被看見。每個家族的倉儲都會長得不太一樣，各有其風格，而現在修道院的這個大倉儲裡面已經被整理成類似Airbnb的住宿空間了。兩位大哥哥中，其中一位來自愛爾蘭的住在裡面快一年了，這兩位講話非常風趣，我們每天都會一起講幹話，然後笑到天翻地覆，還會一起到海邊撿廢棄物回來做裝置藝術。愛爾蘭大哥哥帶我參觀他來到這裡後，陸續創作出的裝置藝術，簡直都可以開一個展覽了，感覺每個廢棄物經過他手裡，就會有魔法變成具生命力的裝置藝術品。

在這裡的快樂時光過得好快，直到發生一件事情。

1 Hórreo：中文可翻成倉儲，最早的 hórreo 出現於十三世紀，散見於西班牙的加里西亞地區，甚至到葡萄牙的北部，建築材料以木頭或石頭爲主。

4 義大利裸男驚魂記

二〇一五年，八月二十五號。

今天，又輪到我和西班牙媽媽一起烹飪的日子了。但剛好屋子裡的食材已用盡，我們決定開車到Muxía鎮上去採購，結果剛好車被一位義大利男子開走了，而且沒有人知道他幾點回來。

「這樣好了，我們搭便車去！我去拿我的登山包，這樣可以背很多食材。」我跟西班牙媽媽提出這個建議。一來是因爲我眞的很喜歡搭便車認識不同的人，二來是因爲沒有在西班牙搭便車過，感覺會很有趣！不過老實說現在我們除了搭便車去採購外，眞的沒其他選擇了，這個迷你小村莊連半台公車都沒有。

「也只能這樣了，希望有車子願意停下來！」西班牙媽媽同意了。

於是我們馬上出發走到大馬路上攔車，沒想到才經過兩台車，就有一台停下來了，是一位米白色的小轎車，司機是一位年輕男子。

「¡Hola! ¿Adónde vas?」年輕男子用友善又熱情的口吻問我們要去哪裡。

「¡Muxía!」我和西班牙媽媽異口同聲地說。

「¡Genial! Yo también. ¡Suba!（太好了！我也是，上車吧！）」一路上，因為我還不會西班牙語無法加入話題，但是聽西班牙媽媽和這位年輕男子對話的很開心，讓我感受到這裡充滿著熱情友善的人們。

在抵達市區後，告別了年輕男子，我們馬上發現了奇怪的現象，好多超市和店家都關起門來，問了當地人，他們說因為今天也有一個節慶要慶祝，所以全部超市休息啦！

「什麼？西班牙怎麼一天到晚都在慶祝節慶啦！」我有點哭笑不得地說，甚至覺得這裡關店的日子都比開店的多。

「這就是西班牙哈哈！」西班牙媽媽倒是覺得很好笑。

既然超市沒開，我和西班牙媽媽決定，先找一間酒吧，吃點東西再來想辦法。我們找了一間看起來非常熱鬧、擠滿了人的酒吧，一走進去，「那不是開走車的義大利人嗎？！」我告訴西班牙媽媽。

「咦！對耶！」我們一起走過去跟他打聲招呼。在此之前，我們完全沒有對話過，因為修道院眞的太多人了，還需要時間去慢慢認識。

就這樣，義大利男子加入我們一起吃飯的行列，他的名字叫做多門。當他知道我們其實是因為要採買食材的關係才來這裡後，就馬上說：「離修道院二十公里外有個小鎮，有一家二十四小時營業的家樂福，他們有開，等等我載妳們一起去買吧！」

在與多門聊天的過程中，老實說總覺得他哪裡怪怪的，講話像是藏著什麼祕密一樣。

在回程的路上，西班牙媽媽告訴我：「小吉，我感覺多門是個好人，等等我因爲有件急事，需要先回家處理一下，他會開車載妳去買食材，有什麼重要的事妳隨時打電話給我，買完食材也打給我。」我聽完後覺得有點難過，爲什麼要跟這個才認識幾分鐘的多門獨自去買食材，但我還是假裝沒事地跟西班牙媽媽說沒問題。

就在西班牙媽媽回到修道院與我們道別後，接下來就是採買食材的旅程了。多門告訴我那個小鎮很漂亮，旁邊就是海灘。

「等等我們買完後，要不要去海邊裸泳？」多門突然開口問我，而且問得非常自然，我想也許他是天體營的成員。

「你想游可以啊！我在岸上等。」我回答。於是當我們採購完後，他還眞的開到海邊，接著又問我一次：「妳眞的不下來嗎？我游這邊妳游那邊，互不相看，沒問題的！」我開始感到不耐煩。

「沒關係，我在這邊等就好。」我記得這義大利男子有個女朋友，而且聽說她懷孕了，不知道他老婆如果知道，他邀請一個少女到海邊裸泳是什麼想法？想到這我就覺得噁心。這義大利男子果眞渾身沒一個地方我看得順眼。就在我覺得反感時，他已經脫光衣服跳下去游泳了，然後突然跑來岸上告訴我說：「這件事拜託別跟我女朋友說。」他竟然還怕女朋友知道！

「喔。好喔。」我冷淡地回他，然後心裡祈禱他趕快上岸吧！

到這裡我已經有點快受不了這個多門。就在他游完後，我們終於要回去了，沒想到開車開到一半他突然又問我說：「妳要喝咖啡嗎？我每天都會喝咖啡，現在突然想來一杯。」

「喔不謝謝了。」我直接回絕。

「但我還是想來一杯，妳眞的不喝嗎？」說完他就開進路邊一家大賣場旁，左手邊就是咖啡廳。

「沒關係，我不喝，我在外面等你吧！」我已經等不及想要馬上回去修道院了！

「好，我很快回來。」說完他就馬上走進咖啡廳點咖啡喝了。

沒多久，他走出來，「眞是謝天謝地。」我心裡這麼想。

沒想到他往我的車窗走過來說：「我想先上個廁所，等一下喔。」話說完，他往旁邊的草叢走過去，而不是往咖啡廳裡面走。「他可能比較崇尚大自然廁所。」我心想。

沒多久上完後，我以爲已經結束了，終於可以回家了！沒想到他不是走回他的司機座，而是再度走到我的車窗告訴我說：「My dick is getting hard.」

一時之間我沒聽清楚，於是反問他：「What?（什麼?）」

他終於繞回來走進車廂坐下來，然後語氣認眞地告訴我：「My dick is getting hard.（我的小雞雞變硬了。）」

我心想才剛上完廁所，小雞雞就有問題，眞是可憐，於是我起了同情心問他：「Do you need to go

to the hospital?（你需要去看醫生嗎？）」

他停頓了幾秒鐘，然後問我：「What?（什麼？）」臉部表情好像被嚇到似的，接著再次告訴我同樣的話：「My dick is getting hard.」

我眞受夠跟他對話，英文不好就算了！

「Go to see the doctor, do you know doctor? D-O-C-T-O-R！（那就去看醫生！你知道醫生是什麼嗎？醫——生——！）」我不耐煩地拼字母給他聽！

沒想到，他往他的小雞雞方向指給我看，就在這瞬間，我才突然醒過來，原來他是指他的那邊硬起來了！WHAT THE FUCK?! 我瞬間腦筋空白幾秒鐘後，然後大聲告訴他：「No! Let's just to GO BACK NOW!!!（不！我們現在就回去！）」當下我除了說這句話以外，眞是不知道該怎麼反應了！我眞是受夠這煩人的義大利男子了！他要不就去住酒店或是牛郎店，住在修道院幹嘛？

果然至少他還是聽話的，舉了個投降的姿勢說：「Ok,Ok....」然後我們就開車回去了。

結果一路上，他像是被什麼附身一樣，不斷看著後照鏡講一連串我聽不懂的義大利文，我則是在旁邊聽到傻眼，然後瘋狂傳訊息告訴西班牙媽媽，這位義大利男子根本是個瘋子加混蛋，他女朋友眞可憐！西班牙媽媽勃然大怒，也傳了一大堆髒話爲我怒罵他。

於是我就這樣，一路膽戰心驚地跟著這個喪心病狂回到修道院。等西班牙媽媽回來後，我想趕快投入她的懷裡！後來，我們也當作沒發生這回事一般，但聽說後來多門和他的女朋友吵了一場很兇的架，本來好像要結婚的他們，聽說不結了，我眞爲他的女朋友感到慶幸。

5 飛機飛走了

二〇一五年，八月二十九號。

我本來預計待一個禮拜就要離開這裡，去馬德里和巴塞隆納，甚至已經訂好了班機。殊不知，不知道是什麼魔法，通往馬德里的巴士已經沒有班次了，我巴士沒有坐到，於是又再次回到修道院來。一半的我很吃驚，一半的我卻很開心，吃驚的是我的機票錢就這樣飛走了，開心的是我又可以回到這裡，和這些朋友相處。不過這幾天開始，我身上的所有現金已經用光了，一毛不剩，於是逼不得已，拿出了應急使用的信用卡兼提款卡，要領出現金來時，整張信用卡突然被這提款機給吞進去，一點都沒有要吐出來的意思，西班牙媽媽幫我打電話到銀行，銀行說：「必須要找原發卡的銀行公司重新核發，因爲被機器吃進去後爲了交易安全，我們必須毀損卡片。」就這樣，現金沒了，信用卡被吃了，而我回程的班機在巴黎，過兩天就要起飛了。我必須在最短的時間內前往巴黎，這勢必就是得再訂一張前往巴黎的巴士或機票，這時候，一直陪在我身邊的西班牙媽媽，扮演了我的超級大貴人。因爲她也要回家一趟，於是帶我回她家住，我爲了感謝西班牙媽媽，當起了臨時保母，幫她照顧可愛的小孫子，甚至陪他看西語版的《哆啦A夢》！就在最後一刻，西班牙媽媽幫我訂了一張往巴黎的機票，好讓我可以順利回臺灣。隔天，西班牙媽媽幫我叫了台前往機場的計程車，她多塞了一筆錢給我：「這筆錢讓妳回程不會餓肚子，記住，不用還我。」一回到臺灣，我馬上就匯了機票錢給她。她這份愛，我會一輩子記住。

隔天一大清早我道別了親愛的西班牙媽媽，道別了親愛的修道院，道別了親愛的西班牙。

6 巴黎

二〇一五年，八月三十號。

在出發前，我聯繫上了當時在朝聖之路途中，相遇的一位叫做寶菈的巴黎姊姊，我們當時相遇是因爲一起幫助一位不帶錢旅行的義大利男孩，她出床位的錢，我則分享我的晚餐給他，因爲這位義大利男孩總是給所有人大大的微笑，那種看了會很溫暖的笑容，他說他想要帶快樂給大家，也是因爲這樣，我們幫助他的同時也得到快樂。這位姊姊是葡萄牙人，在二十歲就搬去巴黎住了，當我們用英文或西班牙語跟她說話時，她總是以法文或葡萄牙語回答，但卻又可以跟我們愉快地溝通，我非常喜歡她，是一位熱情、友善又獨立的女性，外表目測約三十多歲，高高瘦瘦的，擁有模特兒的身材。

她說在我的飛機起飛前，她要用最短的時間帶我遊覽巴黎，而且一定要帶我去巴黎鐵塔拍照留念！全部要趕在飛機起飛前完成！就這樣，我們一個用英文，一個用西班牙、葡萄牙文又參雜法文的對話方式，順利地在巴黎市區約到彼此，我都覺得不可思議。本來還以爲我又要在地鐵迷路了，殊不知現在的我功力已倍增，很順利地與寶菈在地鐵站出口見到面。

「走！我們先去吃飯！吃飽我們再去逛市區！」寶菈拉著我的手，帶我來到價格高不可攀的餐廳吃飯，雖然我看到價格頭都暈了，寶菈卻執意想請我好好吃一頓！「盡量吃！吃飽一點！」寶菈的熱情感染了我，我們一邊吃，一邊繼續用不一樣的語言對話。

結束後，寶菈繼續匆匆地帶我到巴黎鐵塔拍照，然後又匆匆地陪我到地鐵搭往機場的方向，並告訴我在哪一站下車，我們互相道別，然後以法式臉頰親吻畫下句點。這是我對巴黎的最後印象——意猶未盡和一份美麗的友誼！我希望趕快把西文或是法文學好，之後我們就可以聊更多的天了！

08

第八章——後來的後來

"And, when you want something, all the universe conspires in helping you to achieve it."-Paulo Coelho, The Alchemist

「當你眞心渴望某件事時，全宇宙都會聯合起來幫助你完成。」——保羅．科爾賀《牧羊少年的奇幻之旅》

1 我的 Camino 朋友們

書中提到的可瑞哥、馬丁與小班，儘管我們都已從當年的小夥子，蛻變爲成熟的大人們，我們的友情依然。馬丁在德國最美的小鎮之一——佛萊堡，就讀大學；小班則準備考哲學系。

我後來還在隔年飛到德國找他們玩，再隔一年，換馬丁來臺灣拜訪我和可瑞哥！

可瑞哥因爲也住臺灣的緣故，我們想要約見面更是容易，現在的他在疫情爆發後，暫停領隊工作，開始在臺灣挑戰百岳，並且也考上了研究所重回校園，要去讀他所愛的歐洲文化相關科系！

最後，要提一下當時在上帝之家，說要和我交換明信片保持聯繫的阿樂！回到臺灣後，我已經忘記是他要先寄給我，還是我先寄給他。年底的耶誕節，我收到了一張來自海外的手繪明信片，上面地址竟然是用英文和中文寫的。一看，是阿樂從西班牙寄來的，還是他親自畫的明信片。於是我們就這樣開始，一年寄一封，來來回回寄了五年，直到二〇二〇年我們終於留下對方電話號碼，並在這麼多年後首次通話，整個朝聖回憶湧上。當時，他把中文當作藝術，一直很有興趣地跑來請我教他，現在竟然可以自己手寫中文，而且他已成爲一位藝術家了！

最後，要講一下馬力這位傳奇朋友。現在的他已經成爲當初想成爲的航海王了！他在今年傳訊息來告訴我最近翻修了一艘帆船，落角在加勒比海的一座小島，成爲了那艘帆船的船長，並且接待來自世界各地的旅客們，並歡迎我去拜訪他！他打算一年後即將航行前往太平洋，自於接下來落角在哪裡，那就得問問風神將會帶他去哪裡了。

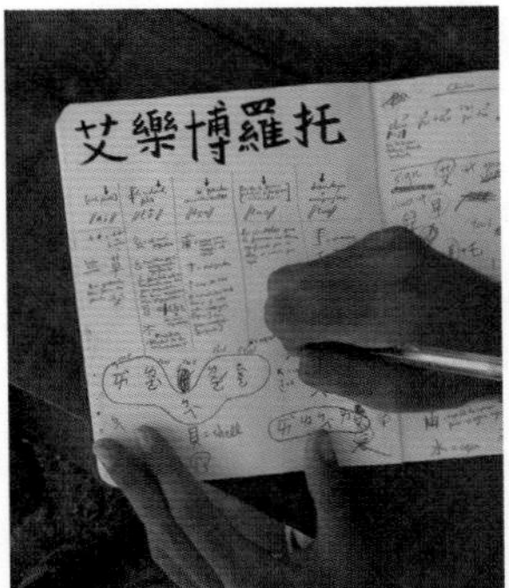

2 有多想做這件事？

另一方面，從西班牙回到家鄉後，全家人開心地迎接我，爸爸、媽媽說：「女兒，我們眞的好以妳爲榮，下次換妳帶我們出去了！」光是聽到這句話，我就覺得一切都值得了，媽媽還偷偷告訴我說：「其實我在年輕時，也想像妳這樣去看世界，但在結婚後，這些夢都直接被埋沒了，妳已完成了媽媽年輕時的夢想。」

後來，我身邊陸陸續續很多朋友受我的影響，其中還包含我的親弟弟，我眞羨慕他！因爲他有一天突然跟我爸媽說：「我下禮拜要去徒步環島囉！」爸媽竟然淡定地說：「好啊！注意安全。」都不用什麼家庭革命了耶！這趟旅程後，我想告訴大家，當你還沒去做一件事時，不要想它會有多困難，多不可能實現，甚至別人怎麼想？而是要思考，你有多想做這件事？因爲當你眞的想做一件事而開始行動時，魔法和奇蹟就會接續發生。

3 願望

回來後開始寫這本書的我，時常翻開朝聖日記，裡頭第一頁是我在旅途中寫下的願望：

1. 回臺灣後，我要瘋狂地學西語，然後在明年或者某一年，帶爸爸、媽媽來走朝聖之路！
2. 我要出書讓朝聖之路在臺灣發揚光大，然後全臺巡迴演講。
3. 這個願望是在途中的一間教堂寫下來的——每年都回來走朝聖之路。

後來，到旅程的終點，雖然我再也沒見到伊格，但回到臺灣後，開始埋頭苦學西班牙語，爲了再次回到西班牙找到伊格，能和他用他的母語對上話來，然後用他的母語唱歌，那是一個多麼天眞又浪漫的動機，因爲明明知道不可能實現。於是我學著學著，到後來，再也沒有伊格的消息，而慢慢地，從當初爲了一個男孩而學，到現在是爲了自己而學。

回到臺灣的大學復學後，開學沒多久，系上老師因爲知道我剛從西班牙回來，就告訴我說學校正在與西班牙一間大學簽屬姊妹校，而這也將成爲我們學校的第一間歐洲姊妹校！我問老師是在哪個城市時，他告訴我：「西班牙的北方城市：潘普隆納。」我瞬間驚訝到腦袋一片空白，「沒想到願望眞的成眞了。」因爲潘普隆納就在法國之路上的第一座城市！我激動的情緒久久無法平靜，再回去的決心更加強烈，也讓我更加相信這條路有魔法這件事。

「當你真心全意想要某樣事物時，全宇宙都會聯合起來幫助你。[1]」《牧羊少年奇幻之旅》裡頭的這句話已經成了我的座右銘。

往往當我們相信奇蹟時，奇蹟就會出現，相信魔法時，也就會有魔法，你的世界終將循著你的信念與思想去運轉。雖然說，有時候不一定完全照你想的那樣成真，但會以不同的方式讓你達成。

還有，就在完成朝聖之路七年後的二〇二二年，這本書終於完成了，所以也順利地實現了第二個願望。

---

1 出自保羅．科爾賀 Paulo Coelho 的《牧羊少年奇幻之旅（The Alchemist）》一書名句。

後記

七年後的今天，這本書眞的完成了！在我念小學時，我就曾經想過想要獨立完成一本著作，但寫沒多久就停筆了，以前的我做事總是半途而廢，虎頭蛇尾。但今天的我已經跨越了這個常常半途而廢的自己，我想這也是朝聖之路教會我的事，就算走到一半，覺得好累好痛苦，慢慢走，一定到得了終點。

這段旅程走完了，你說我有改變嗎？我覺得不是改變，而是豐富，我的視野變遼闊了，國際朋友變多了，夢想也變多了，旅行不一定會改變一個人，但絕對會豐富自己的生命故事，擁有的是那活到老，也講不完的精采人生故事，越陳越香。

我最大的希望就是，這本書可以翻拍成電影，躍上大螢幕，激發出更多人的勇氣，不管你是爲了減肥而走，爲了夢想而走，爲了眞愛而走，爲了尋找自我而走，還是爲了撫平傷痛而走，不管如何，就上路吧！回想當初的我，除了因爲想找到自己的價値，而且是因爲一部電影而展開這段冒險旅程，如今，我希望我的故事可以激發出更多人的勇氣和夢想，去實踐你一直想做，卻還沒去完成的事。記得在我出發去徒步朝聖之路前，也是不敢相信我可以自己背著大背包，到海外徒步旅行，還一次走了九百多公里，你覺得還有什麼事是自己辦不到的嗎？一切都要試試看才知道囉！

後來的我眞的順利申請上西班牙潘普隆納的就讀獎學金，在臺灣以三年的時間修完大學學分，在大四那年終於再度前往西班牙，在法國之路的第一座大城——潘普隆納，開啓留學生活⋯⋯。

我與西班牙和朝聖之路的故事，待續⋯⋯。

附錄一

1. El Camino de Santiago 聖雅各之路介紹

這條路的終點爲西班牙西北方城市——聖地牙哥，它的路線有千千百百條，每年都有許多朝聖者們從四面八方，往聖地牙哥的方向匯集而來，就像銀河系一樣，是群星匯集的中心，所以聖地牙哥又被稱爲「繁星原野聖地牙哥（Santiago de Compostela）」。相傳在西元九世紀，耶穌十二門徒之一就是照著星星指引的方向抵達了聖地牙哥，在此找到聖雅各 St. Jac 的遺骸，從此，這條路就成了天主教徒們重要的朝聖道路之一。這條路就這樣從中世紀流傳直到現在，由一開始朝聖者原本皆因宗教目的而走，到現今此條路匯集了來自世界各地，帶著自己的故事和原因上路的旅人們，根本像極了一條聯合國登山路線，有趣極了！

Camino 也同時被聯合國教科文組織列爲世界遺產[2]，是全世界僅有的四條爲「道路」的世界遺產 喔！因爲平常聽的世界遺產都是建築物，但是，這卻是一條綿延好幾百公里的遺產呢！光這一點，就足夠說服我了，還有，聽說那些去旅行了數百國的人，都說走過那麼多地方，卻比不上區區這麼一條古道，說是世界最美麗與精采的道路之一也不爲過！

就這樣，再出發的前一個月，決定好並且立馬買了機票，爲什麼？因爲不給自己退路了！

只要你跨出家門就可以開始走了，一路上遇到有人從瑞士走、從巴黎走、從荷蘭走、從德國，甚至從以色列走的都有，哪裡都可以是你的起點。

但現在我要介紹的是大部分人選擇的較熱門路線，因爲一路上會有 Camino 相關機構或組織，提供各種諮詢、住宿與協助，也可以遇見來自各國不同的旅人們，除非你尋求的是人煙稀少且寧靜的旅途，這些路途會讓你遇見許多形形色色的人，一路都可以跟許多人互相交流、分享與打氣。總之，不管你選的是哪一條路，Open your mind 是最重要的，因爲你會發現許多的驚喜。

好啦，我直接來介紹了，我列出了主要的七條，我走了其中兩條，其他都是我這三個月裡，一路上從來自各地的旅人們的眞實經驗裡聽來的，僅供參考，實際體驗最實在。「You'll see anyway.」現在就拿起筆來，開始計劃你的冒險吧！

---

2 全世界與「道路」相關的世界遺產共有四個地方：

(1) 南美洲的「印加路網」Inca road system

(2) 聖雅各之路 El Camino de Santiago

(3) 絲綢之路（長安～天山廊道）

(4) 日本「紀伊山地の霊場と参詣道」

2. Camino 路線介紹

(1) Camino del Norte 北方之路／拿破崙之路

路線：San Sebastian—Santiago de Compostela

距離：>800 km

出發前，在網路上蒐集到的所有臺灣人，對於這條路都說得像是最艱難、最驚險恐怖，又耗盡體力的一條道路，但卻可以看見最美的風景。

後來，當我走到了Santiago後，開始遇到了許多剛走完了這條路的人，全都是跟我年紀相仿的女孩子，都在二十歲上下，全部都是獨自走完這條路！在聽過她們各自分享後，幾乎都說著相同的話！簡單說，就是這條路對她們來說一點都不困難，雖然上坡是比較多一點，人的話是少得可憐，而美麗的蔚藍海岸一路延伸在旁，隨時想跳海就走下去就好，又山又海，景色無與倫比的美麗，就是這條路最吸引人的特色，孤獨與寧靜的絕美。

(2) Camino Francés 法國之路

路線：St-Jean-Pied-de-Port—Santiago de Compostela

距離：764 km

這是所有 Camino 路線裡最熱門的一條路，也是這次我走的主要路線。整條路就像走在聯合國一樣，每天都遇到來自世界各地的旅人們，大家都戴著不一樣的理由和故事上路，精采萬分，而且百分之九十都是獨自上路，之後在路上認識一些志同道合的夥伴一起走的案例最多。

此路線沿途的指標、箭頭、餐廳酒吧和住宿點也是最多的。不用太怕迷路，也不用怕餓死，如果你有帶帳篷就更天下無敵了，整片大地都是你的家，有時候甚至連帳棚都不需要了。

此路線主要起始點在南法的 SJPP（Saint-Jean pied de port），最具挑戰的第一天就登場囉！翻越庇里牛斯山（你可選擇在山頂上的住宿休息一天，隔天再挑戰無限延伸的下坡），之後就會進入西班牙北方國境，一路向西行至 Santiago 大教堂。我當時是繼續向西至 Muxía，再到歐洲大陸的盡頭，又稱世界的盡頭——Fisterre（請看下一條）。

(3) Camino Finisterre 世界盡頭之路

路線：Santiago de Compostela—Finisterre

距離：141 km

從主終點站 Santiago de Compostela 城裡開始走，往西北繼續前進抵達被稱爲世界盡頭的 Finisterre。在羅馬時代，冒險家抵達這裡時以爲這裡就是世界的盡頭，「finis terre」在拉丁文意思就是「地球的盡端 (end of the earth)」的意思，直到後來，葡萄牙的 Coba da Roca 才被發現是位於最西端的，但這也不改變人們對 Fisterre 的稱號了，就這樣沿用至今。

傳說，抵達 Finisterre 的旅人們，必須到海邊，燒掉自己的衣服，在海灘上露宿一夜，你的罪就會洗漱掉，然後隔天，你就重生了，變成一個全新的你。

而在通往 Finisterre 的中途，你會遇到兩條不同方向的叉路，一條直接通往 Finisterre，另一條則先通往另一座比 Finisterre 小一點的海邊小鎮—— Muxía，後來我瘋狂愛上了這個無比迷人的小鎮。

當時因爲遇到一位韓國的新朋友，改變了原本打算先走至 Finisterre，再抵達 Muxía 的計劃。眞的很感謝她，因爲她告訴我，多年前她走法國之路時遇到了一個義大利的男生，他走過了無數次的 Camino，這兩條通往世界盡頭的叉路他也都走過，最喜歡的卻是先通往 Muxía 的這一條，沿途人煙較稀少，穿越幽靜無比的山林，特別夢幻與寧靜。

因爲有許多人只知道 Finisterre，畢竟是很有名的城鎮，所以大部分人只計劃去拜訪 Finisterre 就結束旅程了，而不知道離他二十幾公里左右，還有一座非常迷人又比較不觀光化的小鎮—— Muxía。

(4) Camino Inglés 英國之路

路線：Ferrol / A Coruña—Santiago de Compostela

距離：121.6 + 33.6 km

當時在 Santiago 相遇到的法國朋友告訴我，他正準備去走這條路時，我才知道這條路的。

後來，在 Camino Finisterre 的路上，遇見了剛走完此路的一對義大利情侶，告訴我這條路棒透了！雖然只有短短的一百公里，但在道路起點的城市── Ferrol ，就是個非常美麗的海岸城鎮，有人也會選擇以比他大一點的城市── A Coruña 做爲起點，不過這條更短於一百公里，所以走完此條路並不能領到朝聖結業證書，如果你不在乎有無證書。沿途都可以看見美麗的海岸線，然後不斷穿越山中小徑，經過可愛迷人的小鎮，雖然沒有像法國之路那麼多小鎮，但也是走過的朝聖者很推薦走的一條路，尤其是給那些沒有太多時間走，但又想完成一條朝聖之路的旅人們。

(5) Camino Portugués 葡萄牙之路

路線：Lisboa/Porto—Santiago de Compostela

距離：>100 km ~ 300 km

葡萄牙之路有分出許多路線，最長的基本上就是從 Lisboa（里斯本）開始走，但是我遇到所有從 Lisboa 走完全程的朝聖者，都建議不要從這開始走，而直接從離 Santiago 三百公里左右的 Porto 開始走，才是最值得、最棒的。因爲從 Lisboa 到 Porto 這段路程，幾乎都是難走的石頭路，容易讓腳長水泡就算了，風景也不怎麼好看，沿途的指標和住宿點又少得可憐，除非你不相信或覺得無所謂，那你還是可以挑戰看看。葡萄牙之路有一個現象，就是從 Tui 城市開始最多人走，而且都是一團一團成群結隊，幾乎沒有人是獨自走的。因爲 Tui 離 Santiago 只有一百公里左右，就可以拿到 Compostela（證書，接下來會介紹），所以許多當地人都趁著休假日結夥一起上路。如果想要多點獨處的空間和寧靜的周圍，可能就要避開此路線了，不然就得忍受這段「人聲鼎沸」的道路。

總之如果你決定要走葡萄牙之路後，一定要在 Porto 這個魔幻的美麗城鎮停留個幾天，絕對非常值得，但別忘了在旺季時可能要先提早喬好住宿。而飲食方面，這裡不只食物更便宜，也更美味，連住宿也都便宜很多喔！海鮮、葡萄酒都是這裡的特產，聽說比西班牙的更美味和好喝！重點是，因爲這裡又是一座小橋河流遍布的小鎮，浪漫得令人想直接定居了！

(6) Vía da la Plata 銀之路／南方之路（1,000 km）

路線：Sevilla— Santiago de Compostela

距離：1,000 km

當時一位西班牙的商店老闆，跟我分享他走過所有的 Camino 主要路線，最喜歡的就是這條路！從南方的 Sevilla（賽維亞）城市開始一路往北走，縱貫南北，看盡西班牙南北方不同的民族風情與特色，沿途經過的大城小鎮，其風格與特色也都會慢慢由南方轉換成北方的，有趣極了！

想徹底體驗西班牙風情，不用猶豫了，就選這條直接上路吧！

(7) Camino Le Puy（全程都位在法國）

路線：Le Puy en Velay—St Jean Pied de Port

距離：730 km

聽說是比其他所有 Camino 路線更爲迷人的一條路！沿途人煙也稀少，美食的話就是南法風味，好吃的不得了。只有一個缺點，就是食宿方面要比西班牙貴一點！但事實上，這也不是什麼問題，在路上就遇過一些朋友，不帶錢旅行就走過了這些路，態度是關鍵，以勞換宿、以工換食等等，都是不錯的旅行方式。

一句話，不要猶豫了，直接列入旅行清單吧！

這些全是由自我與他人經驗的分享，主要給大家參考！因爲畢竟每個人遇到的人事物和體驗一定都不一樣，所以，去就對了啦！是時候創造自己的歷險了！

3. 交通

如何以最便宜的交通方式抵達法國之路起點 SJPP？以下是給不考慮一路搭便車或坐長途便宜巴士，且希望當天抵達者的參考。

記得請提前至法國國鐵網站 IDTGV 購買 Gare Montparnesse 至 Bayonne 的票，越早訂越便宜喔！這是比 TGV 更便宜的火車，速度卻和 TGV 一樣快！

4. Camino 路標與象徵

(1) 從機場至巴黎市區的 Gare Montparnesse（蒙帕納斯車站）：

搭地鐵（約半小時）：機場內購票後，搭乘藍線至 Denfert Rochereau 站，此站距離塞納河非常近，附近也有許多景點可以慢慢逛，像是莎士比亞書店、盧森堡公園，與附近許多的美術館或博物館等等。

從此站徒步至 Gare Montparnesse 約一點七公里、二十分鐘。非常建議徒步，因爲剛經歷長途飛行，這時置身在巴黎中心，何不好好放慢腳步，呼吸一下巴黎新鮮的空氣，看看巴黎的眞面目，沿途還會經過巴黎三大公墓之一的蒙帕納斯墓園，裡面埋葬著巴黎文藝界的偉大藝術家們，是一個非常值得進去逛逛的地方喔！非常有味道，觀光客也不多！

(2) 抵達 Gare Montparnesse

在發車時間前二十分鐘，站內螢幕才會顯示該班次的的月台號碼，所以請記得至少要在發車前二十分鐘內抵達喔！時間一到，火車很快就會發車走人的，千萬不要發生出追火車的情節阿！

(3) 從 Bayonne 至 SJPP

在 Bayonne 這座可愛無比的小城鎮，建議能待多久就待多久，依著你的感覺走，這裡的人情味和小鎮風情絕對會讓你不想離開。

在 Bayonne 車站外有巴士站可以直接搭到 Camino Francés 起點 SJPP，只要在車站內先買好票就好囉！

(4) Camino 旅途上

有時候腳受了傷，或是行程計劃改變等等的其他狀況，如果需要坐公車的話，其實不用太擔心，大部分的城鎮都會有公車，價位是驚人的便宜，二十公里左右，差不多才一、兩歐元。時刻表方面可直接詢問當地任何庇護所（Albergue），幾乎都會很熱心地提供資訊喔！沒有的話，有些較大的城鎮會有Información centro（遊客服務中心），會有更詳細的資訊。

4. Camino 路標與象徵

自古開始，這黃色的箭頭與扇貝就一直爲千千百百代的朝聖者指引著方向，最初的來源不詳，卻存在衆多的說法。

但它已深深代表著Camino的精神與象徵，陪著無數的朝聖著度過這段旅程。

對我來說，這就像在玩大地遊戲，眞正的大地遊戲！

箭頭有時候會出現在比較不明顯的地方，或者是標示已模糊不清了。石頭上、樹上、房屋牆壁上、地上……哪裡都有可能！遇到叉路時，就請睜大你的眼睛，不然就要換成迷路的趣味旅程了！

5. 朝聖護照／住宿介紹

記得抵達SJPP後，請至「ACCUEIL ST-JACQUES」朝聖者辦公室申請朝聖護照（一本兩歐元），作爲住宿的蓋章本（因爲必須要有護照本蓋章才可住宿喔！），沿途一些酒吧餐廳或教堂已都可以蓋章，於抵達終點 Santiago 後，可至 Pilgrims Office 領取證書，證書全以拉丁文寫成，是由古自今傳下來的喔，值得作爲紀念，老了拿給孫子炫耀講故事喔！

而在久遠的中古世紀，當時的朝聖者寄宿於修道院或教堂，或在野外露宿。時至今日，越來越多朝聖者踏上此路，也越來越多團體成立協會、開庇護所或營運民宿等，讓朝聖者們有更多的住宿選擇，以下我列出最常見的住宿類型。

(1) Albergue ／ Hostal 庇護所／青年旅館

又分爲公營庇護所、私人庇護所，還有教堂或修道院改建並營運的庇護所，皆爲上下鋪／通鋪，公共空間大部分都設有廚房和飯廳，各國朝聖者們常常在此互相獻手藝，品嘗各自的料理，是彼此交流認識新朋友最好的地方！且非常熱鬧！不過自從疫情爆發後，有些庇護所會把上下鋪的房間改成獨立房（單然價格較高）。

公營庇護所爲朝聖團體、非營利組織經營，因此價位較便宜，約落在八歐至十歐元之間（二〇一五年我去走時爲五歐元），設備較簡便，有些會供應朝聖餐點，有點類似我們走大甲媽祖遶境時，有些地方會供應飯菜的概念。

私人庇護所價格則落差較大，每間也都有自己的風格，價格約落在八歐至二十歐元，有些則有提供打工換宿或者是自由樂捐價。喔對！有的還會有戶外游泳池讓朝聖者消暑。

由教堂或修道院改建並營運的庇護所，是我最喜歡的，因為風格古老又有氣氛，雖然我不是天主教徒，但能入境隨俗的感覺真的很棒。通常這裡也會定期舉辦彌撒，或者是修女彈吉他、唱歌給我們聽，氣氛總是很歡樂又和諧，關於餐點部分甚至會供應下午茶或晚餐給朝聖者們。而至於住宿價格通常都是隨喜價，住完自己投錢進去箱子。

(2) Casa rural／Penciones 鄉村民宿／家庭旅館

通常都由家族經營，價格約落在四十歐至七十歐元。適合偶爾犒賞自己，或是想遠離一下人群，可以選擇住這裡，有許多民宿都很有自己的風格，非常可愛，主人也通常都很友善又好客！

(3) Hotel 旅館

有些人會選擇在走完一個里程碑時，去住一下星級旅館犒賞一下！在此就不多說，因為大城市就有眾多選擇了。

(4) Parador Nacional 西班牙國營旅館

由西班牙政府營運，將那些千年古蹟（城堡、皇宮、修道院等）改建成豪華、舒適又有風格的國營旅館！且價格不貴，就可享受當皇后或國王！一樣可以選擇最後一天走完入住，犒賞一下自己喔！

(5) 露營／野外

自己帶帳篷，天地爲家，不用花錢住宿。但這樣的方式需要先做好十足的功課喔！

因爲西班牙早晚溫差大，容易潮濕又低溫，我在路上聽聞很多露宿野外的朝聖夥伴都沒有睡好，還會產生偏頭痛！（地氣潮濕，還會加重你的行李重量。）

又加上西班牙其實禁止野外搭帳篷的，所以還得找合法露營區或是跟當地人借地盤，而且這樣也能避免受到流浪狗和強盜的襲擊！

不過也是有例外，像是我在故事裡提到的上帝之家，那就像旅途裡的驚喜一樣！

6. 餐飲

其實這就是朝聖之路好玩的地方！走在朝聖路上，你將會徒步經過森林小徑、無止盡無遮掩的麥田大地、荒野或是路邊開滿花的鄉間小路、被牛群或羊群包圍的半路上、高山平原上、平地柏油路上、泥濘地、石頭路等等！除了這些，沿途將會走過許多村莊、大城市和小城鎮，而且距離都不會太遠！也就是說，不用怕找不到食物！以下我舉了朝聖路上我最常解決吃的幾個選項。

(1) Bar 酒吧

其實西班牙的酒吧在朝聖路上，就像在臺灣環島時我們遇到的 7-11 ！是我們在旅途上的救星，解我們的渴與餓。這裡的酒吧不是你想像的酒吧，而是當地人的日常，不管是吃早餐或和朋友聚會聊日常的地方！

而朝聖之路上的酒吧還會特別賣我最愛的 Zumo de naranja（柳橙汁）！我最喜歡在走得汗流浹背時來一杯現榨的柳橙汁，讓那股清爽沖洗全身！他們也像雜貨店，賣一些洋芋片、零食飲料，還有簡易的三明治、潛艇堡，或西班牙小吃 Tapas、Pintxos 與西班牙烘蛋。

(2) Restaurante／Menú de Peregrino 餐廳／朝聖者套餐

在朝聖之路上的餐廳大部分都會提供「Menú de peregrino（朝聖者菜單）」，這是給朝聖者特別的菜單優惠，而且通常都非常好吃！我甚至還遇過專門接待朝聖者的西班牙燉飯餐廳，價格還是隨喜價。有些庇護所或民宿也有自己的餐廳，也都有自己獨特的手藝，煮出好吃的當地料理，真的是一路上都可以品嘗到不同的美食。

(3) 野果

朝聖者們一路上也會互相分享路上採摘的野果，也會互相學習哪種可以摘，哪種不能吃等等。在很多野外裡的水果，尤其是莓果類的，都是自然生長而且沒有農藥，像這樣摘野果也是小番薯走朝聖之路的樂趣之一！也常常是路途上午飯後的水果。

(4) 自行烹飪

我非常建議大家自己帶鋼杯、電湯匙、環保餐具和保鮮盒，因爲基本上幾乎每個庇護所都有廚房和飯廳，是朝聖者們彼此用食物交流的地方，這也是我最喜歡的部分。而就算沒有廚房也有插頭，讓你可以用鋼杯與電湯匙煮簡易料理，這兩個眞的是萬能物品！

而當地雜貨店賣的蔬果超級便宜（不過肉當然就比較貴，所以我在朝聖之路上幾乎吃素！但是沒有肉一樣好吃！）。如果有同伴大夥就會一起煮，分攤下來的費用眞的非常便宜，一個人頂多才二至三歐元，約臺幣六十至一百元（二〇一五年時的價格）就可以吃的非常滿足，還可以品嘗到彼此的手藝。同時小番薯很幸運的，也很常受其他朝聖者之邀，品嘗他們的晚餐，像是韓國人他們常常很多人一起走，就會煮了一桌滿滿的食物，然後熱情地邀約其他朝聖者一起吃，還可以因此建立新的友誼。就算一個人時，我也很喜歡邀請那些沒煮的朝聖者一起來吃，在朝聖之路一起分享食物的感覺眞的超級美好的！

另外我的包包也會放水果、乾糧、豆漿或牛奶優格、燕麥等，在路上可以做個簡單的午餐吃！

7. 裝備

重要提醒：當你覺得這件東西好像用得到時，就千萬不要帶上那東西！上路後你會非常非常感謝自己的！背包越輕你會走的越快活，越重的話，再美的風景你看了可能都覺得很痛苦。而最理想的背包重量是你體重的十分之一倍。

(1) 登山背包：最好附有水袋的，吸管在前方。因爲當你背著大背包走路時，你就會明白，從背包拿水是多麼不方便的一件事。

(2) 睡袋：個人覺得非常必備，許多庇護所不會提供，就算有提供的也都沒有很乾淨，要很小心這點，很容易有床蟲附著！（請參見第三章的床蟲，就知道有多可怕。）

(3) 小飛俠雨衣

(4) 一至兩套換洗衣服：建議購買快乾衣褲，並依季節選擇長短袖、防風外套。

(5) 拖鞋或涼鞋：洗澡用，很重要！建議你也可選擇全程用涼鞋走，保證很難長水泡！

(6) 記得要同時穿襪子就是了（建議五指襪，減少摩擦生水泡）！

(7) Gore-Tex 登山鞋：記得在出發前就要把它穿軟。

(8) 襪子二至三雙。

(9) 針線、打火機（治療腳底水泡用）

(10) 個人藥品、肌肉痠痛藥膏

(11) 水壺、鋼杯

(12) 洗臉、洗澡、洗衣多合一的手工皂

(13) 個人盥洗用品
(14) 防曬乳
(15) 環保餐具、收納刀或瑞士刀：有刀子非常實用，建議攜帶。
(16) 床蝨噴霧劑：床蝨爲一種寄生在床上的小蟲，尤其是那種被許多人睡過的床，被咬到可是養到讓你快瘋掉，遍佈全身的話更不得了，我全程就被咬過兩次，因爲當時沒有做好預防，第二次才趕緊去買床蝨噴霧劑。

這裡分享一下眞的被床蝨咬到的話怎麼處理：

首先把你所有背包的東西倒出來，一樣一樣檢查有沒有小蟲在上面，然後把背包用黑色大塑膠袋拿到大太陽下曬三小時。你帶的所有換洗衣物也必須全部拿去洗衣機清洗乾淨（最好以攝氏六十度水溫清洗），我知道這非常非常的費工，但是認命吧！所以預防眞的非常重要喔！

8. Camino 上的慶典（夏季六至九月）

以下列出我所知道的和我參加過的，有些只有當地人知道，因爲我在那裡待得久的關係，和當地人成了朋友，一起慶祝了！如果當時你在那裡，就不要錯過了！

日期	城鎮	有什麼哩？
6/8~6/14	Logroño	慶祝 San Bernabé，古裝遊行、古裝手作市集、表演……。
6/23	Castrojeriz	似乎是連續舉行一周。慶祝 San Juan，音樂舞蹈、遊行、點火秀。
7/6~7/14	Pamplona	當然是衆所皆知的奔牛節呀！
7/25	Santiago	這段期間請小心！ 從 Sarria 開始會突然爆出一群一群的西班牙人，成群結隊，前往 Santiago 慶祝也就是 Camino 最重要的節日，也就是 San Jame 的遺骸在九世紀時在 Santiago 大教堂被找到的那天。 因從 Sarria 開始走至 Santiago 就可領證書，所以這段期間是最瘋狂的日子，大夥都準備好狂歡了！如果你是住 Albergue 的話，請提前預約！不然全部會搶先被預約滿了！那段期間許多不知情的旅人們都被迫睡街頭或直接坐巴士到其他城鎮去了……！我也差點是其中一個……（故事待續）
8/8~8/9	Muxía	當地非常傳統的歡樂節慶！市集、免費烹飪大魚宴席、音樂、表演……。
9/11~9/14	Muxía	8/8~8/9 的擴大版，並且爲更傳統更大型的節慶！不要錯過了！

附錄二：法國之路／世界盡頭之路上的祕境推薦

以提示方式，來玩眞正的大地遊戲吧！

提醒：自從二〇二〇年疫情爆發後，有許多地方不確定是否還有營業，需自行踏上旅途發現喔！

通關密技：赤子之心、觀察力、探險心、好奇心

闖關之前：Burgos至Leon這一段，千千萬萬，不要搭巴士，除非你不玩了，就直接退出遊戲吧！

建議不要攜帶：旅遊手冊（當時我沒帶旅遊手冊，卻找到了許多沒有在旅遊手冊上特別的地方，還是看個人啦，純建議。）

總之，Open your whole soul！說不定你就以自己的眼光，發現更多其他的驚喜！畢竟，這是以我的眼光發現的世界。

第一站：

建議你在起點SJPP待一天以上，最好在遇到星期四時，當天一定要繞完整座城鎮喔！你會無法自拔地愛上SJPP！在這裡只待一天的話，會錯過很多驚喜。

第二站：

離開Pamplona不遠，有一座小城鎮，淒涼的寧靜、無法言喻的魔幻感，如同置身在哈利波特世界裡，又像極了沉睡的美人。然後，大部分的朝聖者，都會直接略過此小鎮。

第三站：

這一座小城鎮，當地居民都非常非常和善與熱情，你一定會深刻感受到，然後深深被這座小鎮感動。在鎮外的山丘上，有一顆很大的岩石，很顯眼地如同在召喚你，去找它吧！你絕對會看見不一樣的視野。對了，在這城鎮有一座教堂，會讓你住進去後就不想離開，裡面的老爺爺還會魔法喔！

第四站：

這座無比小卻可愛的讓人陶醉的小村莊，有一個老爺爺，會親手在他可愛的工作屋外認眞地做木工，屋裡頭展示了所有讓他自豪的成品。老爺爺非常歡迎每個人進去參觀，他會很熱情地爲你講解每一樣成品喔！而且眞的都超可愛的，老爺爺有一雙非常細膩的手！不要錯過這可愛的地方和人物。

第五站：

讓你震撼的荒廢大教堂，瞬間會讓你感到離天堂很近，現在已改建成捐款式的庇護所，裡面的志工還會爲朝聖者們準備豐盛的晚餐與早餐。當時我在這裡遇見了一個英國男孩，在這裡住了快一個禮拜，他說他愛透這裡了！他還是回頭再來的！

這間庇護所，背後有個感動的故事，是主人爲了紀念他死去的好朋友所建成的，他們都是曾經踏上Camino的旅人們。想知道更多這裡的故事，和體驗這個神聖又特別的地方，請不要走得太快，除非你注定錯過。

第六站：

當你走在這座小鎮街頭時，請你把耳朵和眼睛打開點，注意聽喔！幸運的話，會聽見非常特別優美音樂從一間超有味道的屋子飄揚出來，其實不是很容易聽見或看見，因爲要進去這地方，眞的要靠運氣的，而被主人邀請住在裡面，更要靠緣分！屋子裡頭會有可愛的木製餐桌擺放著一些手工餅乾或巧克力，還有各種口味的熱茶，上面有個牌子寫著「Help Yourself.」屋子後院還有個山洞，洞裡的牆壁還有畫作呢！屋子二樓則是有書房和冥想空間。牆壁上則都掛滿了主人徒步世界各地時，拍攝的攝影作品。我很喜歡這裡，總共拜訪了四次！每次都有不一樣的感受。因爲，他是一間有靈魂的屋子。

還有，這小鎮的 Albergue Municipal 會讓你有回家的感覺，幸運的話，還會遇到志工幫你全身按摩喔！

最後，有一座山丘，就坐落在這屌爆的村莊外圍，爬到頂端大約要十五分鐘，一座廢棄的魔幻城堡就在上頭。不要怕，直接進入城堡爬到頂端，是最頂端喔！請選在日落之時上去，保證你會震撼一輩子！地平線和全世界感覺一瞬間就在你眼前。如果你有帳篷的話就更好了，直接在上面紮營吧！（我有朝聖朋友就這樣做！）隔天就能看日出。你會很想打自己的臉，看自己是不是在作夢。

第七站：

在這超級迷你的小村莊，可是有一個讓你大開眼界的庇護所。裡面有一座游泳池，讓像是找到了祕密基地的旅人們興奮地全部跳下去，跳走一身的疲累阿！這裡的餐廳，你也不訪犒賞自己一下，十歐元可以吃得不錯的一餐喔！如果你胃口沒跟西方人一樣大，記得找人一起Share，因爲份量有點大，不然你就打包，不要吃不完就走人，永遠記得外頭有人在垃圾桶找食物，還不一定找得到這件事。

這庇護所，似乎是藝術家一起打造的，整個庭院好畢卡索但又好莊園！牆壁畫滿了美麗的人物像，我超喜歡這地方的。

第八站：

這一站，保證百分之九十的朝聖者們會直接經過，但完全不知道這地方的存在，因爲它坐落在房子眼看不超過十間的迷你村莊裡。我會發現這裡，是因爲被外面那小招牌可愛的畫風給吸引了。本來想說走進去看一下，結果六天之後才走出來！

這裡每天都有兩隻恐怖，但又可愛的驢子會來拜訪大家。恐怖在於他們除了房子、人類和動物，其餘都吃，我的毛巾和涼鞋差點就被他們給吞了，還跟他們玩拔河就爲了把東西搶回來！

這裡也有大雞小雞、大鵝小鵝、可愛的狗狗。還有放著許多種的樂器，吉他、鼓、口風琴。在樹上有許多吊床，草原上有水管屋、像蒙古包的大帳篷可以睡覺。

有時候夜晚大家會砍材生火，一起玩音樂、唱歌、聊天、看星星。

我最喜歡這裡的早餐了，你來就知道爲什麼了！對了！這裡的午餐你一定也要吃吃看，廚師的手藝功夫一絕！而且價格又不貴，分量多到還可以打包分成幾餐吃了！

第九站：

這座城市的教堂，有一間庇護所，裡面的修女會彈吉他、唱歌給大家聽喔，也會邀大家一起唱或即興表演。每天傍晚，會在教堂裡爲每個朝聖者禱告，之後修女和裡面的志工們，則忙著開始準備豐盛的晚餐，給所有住在這裡的朝聖者們吃，大家一起聊天一起吃飯，很單純又歡樂的地方！

第十站：

這站比較有挑戰性喔！（提示：Leon 後遇到岔路請都往左轉）

這座小小村莊裡，有一間捐款式的庇護所，牆壁上會張貼村裡一位厲害廚師開的餐館，每天都會提供「捐款式」的西班牙海鮮燉飯！真的宇宙霹靂超級無敵好吃，那鮮美的味道至今還殘留在我的舌尖上！餐館的老闆還會在大家享用他的海鮮燉飯同時，跟大家分享著他開這間餐館的故事，很有趣、很美好的一個故事，等待你發現這間餐館喔！加油！

第十一站：（提示：村莊裡一間叫做 Jesús House 的庇護所，走進去就對了）

一個讓人驚豔的，老爺爺的寶藏屋就在這座小村莊！

老爺爺的屋子外面，會掛一個很可愛的電話圖案喔！注意，晚上九點寶藏屋就會關門。老爺爺的寶藏屋花了十五年的時間打造，地底下還有地窖，是以前釀葡萄酒的地方，裡頭還擺著以前用的酒杯、瓶罐呢，天呀！超有味道，好像回到中古世紀喔！講到這裡就好，你一定會想親眼看見這地方的！

第十二站：

參見本書副標題的那篇故事。（更新：二〇一六年時，已聽聞主人已經離開那裡了。但之後有沒有人再進駐，就等你去挖掘囉！）

第十三站：

這座小鎮的美是會讓人屏息的美，每多看一眼，靈魂就會感覺又提升一次。小鎮裡的教堂更是不得了，也是捐款式的庇護所，隸屬於倫敦的一座大教堂，裡面的英式風格非常明顯——英式庭院、為朝聖者準備的英式下午茶……。而且他們還會特別為來此住宿的朝聖者編號（第 xxx 位），且贈送美麗的 Camino 戒指，收到的朝聖者都驚呆了！早上也會為所有朝聖者準備溫馨的早點，而且果醬都是自己做的喔！

第十四站：（已進入 Galicia 區，美食迎面而來了！準備接招！）

這個地方，是高達百分之九十九的朝聖者會選擇經過的地方，重點還是因為它看起來不像庇護所，更像是一個休息的地方而已。戶外的庭院還有吊床，有滿多朝聖者在這裡休息睡覺。

然後走到屋子看見門上面掛著「WELCOME」的可愛字樣，我就是被這影像吸引回去的，我也覺得很神奇，本來要直接離開的。

回頭走進去後，發現裡面都是來自世界各地的年輕志工，在服務朝聖者們，桌上有咖啡、有茶品，任君挑選。然後跟他們聊天，才知道原來這裡也是庇護所，而且是免費的，因為這個組織專門在服務朝聖者，但是一天只限定八個人喔！晚上的話他們還會準備超級豐盛的 Glicia 美食，和住在這裡的朝聖者們一起享用。晚餐結束後大夥都會到戶外散散步，最後在睡覺前，大家圍在餐桌上一起玩特別的遊戲，從遊戲裡分享自己爲何走上 Camino 的故事，或是其他的故事，我覺得好有趣喔！

第十五站：（提示：最大）

於終點站 Santiago，二〇一五年才剛開幕的 Pilgrim House，每周都會有活動喔！有免費 Wi-Fi、茶點、廚房、任何 Camino 相關諮詢與協助……。裡面的服務人員全都是志工，大部分都是美國的大學生，因爲它是美國人成立的非營利組織，專門協助抵達 Santiago 疲憊的朝聖者們。

第十六站：（此關路線：Santiago—Muxia）

快抵達 Muxia 之前，注意觀察一下有沒有什麼特別的手工藝品上面寫著「ALBERGUE」。參見本書第七章故事。

附錄三：Camino 路上常用西班牙文基本會話

1. 日常招呼篇

● ¡Buen Camino! 類似我們的一路順風 ~ 每天會講最多的一句話。
● ¡Hola! 哈囉！ ● ¿Cómo estás?/¿Qué tal? 你好嗎？ ● ¡Muy bien!/Así así./Mal. 我很好／還好／不好 ● ¿ Y tú? 那你呢？
（以下通常以相同方式回應對方） ● ¡Buenas! 安安！ ● ¡Buenos días! 早安！ ● ¡Buenas tardes! 午安！（中午至晚上） ● ¡Buenoas noches! 晚安！（通常在睡前講）
● ¡Chao Chao!（源自義大利語，也可講一次 Chao 就好）／¡Hasta luego! 再見！ ● ¡Hasta proximo! 再見！（很期待短時間再見的用法） ● ¡Adios! 再見！（長時間告別） ● ¡Hasta mañana! 明天見！
● Por favor. 請 / 拜託 ● ¡ Muchas gracias! 謝謝！ ● (De) nada. 不客氣 ● Perdón. / Perdóname. 對不起 ● ¡Lo siento! 我很遺憾！
● ¿Cómo te llamas? 你叫什麼？ ● Me llamo Jesús. 我叫 Jesús。 ● Mucho gusto. /Encondado(a) 很高興認識你 （o 結尾用於男生；a 結尾用於女生）
● ¿De dónde eres? 你來自哪裡？ ● Vengo de Taiwán./ Soy de Taiwán. 我來自臺灣。

2. 餐廳酒吧篇

- ¡Que aproveche!/ ¡Buen apetito! 用餐愉快！
- ¿Tienen menú de peregrinos? 你們有朝聖者特餐[1]嗎？

- Quiero una zumo de naranja(natural). 我要一杯柳橙汁（現榨的）。
- Una café con leche, por favor. 一杯拿鐵，謝謝。
- Deme otra cuchara, por favor. 可以再給我一支湯匙嗎？謝謝。
- ¿Cuánto cuesta? 多少錢？
- La cuenta, por favor. 結帳，謝謝。

數字（可以從最常用的 1 ～ 3 先練習）

0	1	2	3	4	5	6	7	8	9	10
cero	uno	dos	tres	cuatro	cinco	seis	siete	ocho	nueve	diez

（11~15 以 ce 爲結尾，16~19 則開始以 dieci 開頭）

11 once	12 doce	13 trece	14 catorce	15 quince
16 dieciséis	17 diecisiete	18 dieciocho	19 diecinueve	

（21~29 以 veinti 開頭，例如 21 爲「veintiuno」；
30 之後的數字組合則爲一致用 y 連接個位數，例如 31 爲「treinta y uno」。）

20 veinte	30 treinta	40 cuarenta	50 cincuenta	
60 sesenta	70 setenta	80 ochenta	90 noventa	100 cien

1 朝聖者特餐爲 Camino 上爲朝聖者提供的特別套餐，價位較便宜，通常在十歐元左右，主要分爲前菜、主餐、甜點和葡萄酒或水。

3. 住宿篇

● Hola, una persona/solo（兩人的話就說：dos personas），por favor. 你好，我一個人，謝謝。（直接說出住宿人數就好）

● Quiero una noches más, por favor.
我想在多住一晚，謝謝。

● Tengo una reserva.
我有預定。

● ¿Tienen la cocina/lavadora/comida?
你們有廚房／洗衣機／餐點 嗎？

4. 問路篇

- Perdón,¿dónde está la estación(de autobuses)/el aseo?
  不好意思，請問車站（公車）／廁所在哪裡？
- Perdón,¿Hay un banco/cajeros automáticos?
  不好意思，哪裡有銀行／自動提款機呢？
- Está cerca. 很近。
- Está lejos. 很遠。
- Para aquí. 從這邊。
- Para allí 從那邊。
- A la derecha. 在右邊
- A la izquierda. 在左邊
- Gire a la derecha. 往右轉
- Gire a la izquierda. 往左轉
- Ir directamente. 直走
- Al final. 在盡頭
- Enfrente 在對面
- Delante 在裡面
- Fuera 在外面
- Cruce de Caminos 十字路口
- Semáforo 紅綠燈
- Volver 迴轉／往回走

5. 生病篇

- ¿Qué (te) pasa? （你）怎麼了？
- No me pasa nada,gracias. 我沒事，謝謝。
- No me siento bien. 我感覺不太舒服。
- Me siento mal. 我感覺很不舒服。
- Estoy muy cansado. 我好累。
- Tengo vértigo. 我感到暈眩。
- Me duele mucho la garganta. 我喉嚨好痛。
- Siento asco. 我感到噁心。
- Pienso tengo fiebre. 我想我發燒了。
- Tengo mucho frío. 我好冷。
- Tengo un dolor de estómago. 我胃痛。
- Vamos la farmacia/clínica. 我們去藥局／診所。

6. 其他常用／常聽到的實用句！

- ¡Salud! 乾杯！／祝你健康／保重。
- Igualmente. 你也一樣。
- Jesús. 保重（用於對方打噴嚏時）
- ¿Qué? 什麼？
- Repite, por favor. 請你重複說一遍。
- (No) lo entiendo. 我（不）懂。
- (No) lo se. 我（不）知道。
- (No) me gusta. 我（不）喜歡。
- Sí. 是的、沒錯、對。
- Verdad. 眞的。
- Vale. 好 =OK
- Claro. 當然。
- ¡Hola, guabo/guaba! 嗨！帥哥／美女（常用於熟人間）
- O~~~~~~Bellooooo~~~~~~ ！漂亮、哇嗚～！（對於事物的讚嘆）
- ¡Joder!/ ¡Hostia! 馬的！ / 靠！
- ¡Qué bonito/Muy lindo! 好美呀！
- Mira. 你看
- ¿Adónde vas? 你要去哪裡呢？
- Voy a ... 我要去 ...…
- Me voy. 我要離開了。
- ¡Feliz cumpleaños! 祝你生日快樂！
- No pasa nada. 沒關係／沒問題的。
- Nada. 沒什麼／小事一樁。
- ¡Hasta próximo Camino! 咱們下回合 Camino 見！

國家圖書館出版品預行編目（CIP）資料

罕吉朝聖之路：不是所有人都看得見的魔法之地／邱賢慈作．-- 初版．-- 臺北市：城邦印書館股份有限公司，2022.10

面；公分

ISBN 978-626-7113-47-9（平裝）

1.CST: 旅遊文學 2.CST: 世界地理

719　　　　111016338

罕吉朝聖之路
不是所有人都看得見的魔法之地

作　　者／邱賢慈
攝　　影／邱賢慈
校　　對／黃勻薔
美術設計／陳昱君
內頁插圖／陳昱君

出　　版／城邦印書館股份有限公司
104 台北市中山區民生東路二段 141 號 B1
電　　話／(02) 2500-2605
傳　　真／(02) 2500-1994
網　　址／http://www.inknet.com.tw

出　　版／初版一刷 2022 年 10 月
定　　價／395 元

城邦印書館
cite E-printing
www.inknet.com.tw